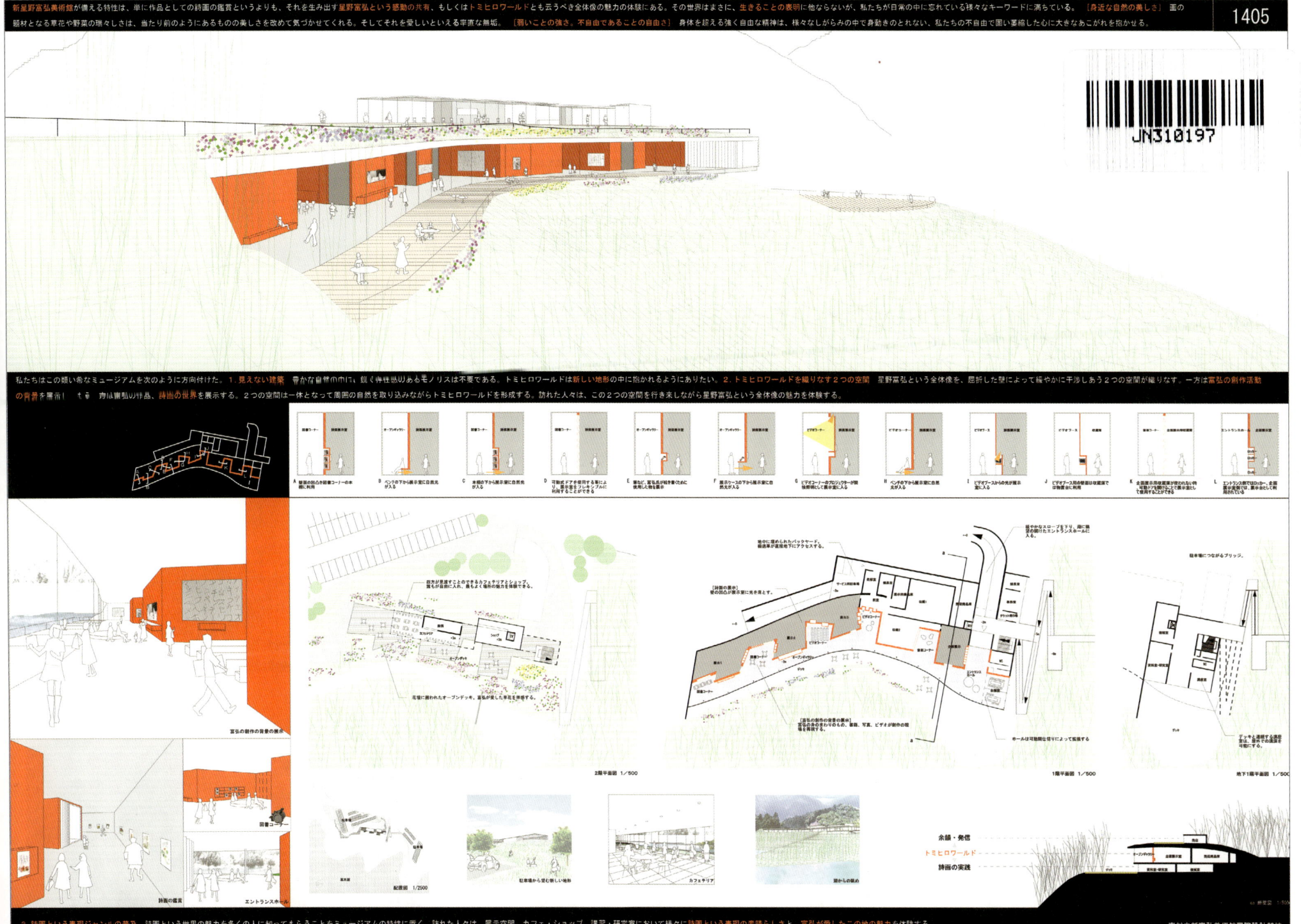

キャンパスの新しい中心をつくる曲面壁の提案

(様式9) 課題：①総合的なデザインコンセプト

■敷地の特性

野依研究センターの敷地は東山キャンパスのほぼ中央にあり、理学部校舎と各研究施設とをつなぐ境界線上に位置しているため、様々な部門に属する人の集まる場所となる可能性がある。反面、車の往来があるため、現在はどちらかといえばサービスルート的な性格を持っている。このような特性をふまえた上で、単に個々の施設内容の充実だけでなく、エリア全体が人々を引きつけるような名古屋大学の新しい顔となる環境づくりを目指したい。そのために2つの建物を連続したデザインで統合しながら、エリア全体をシンボリックな1つのランドスケープのように一体的に扱うことを考えている。

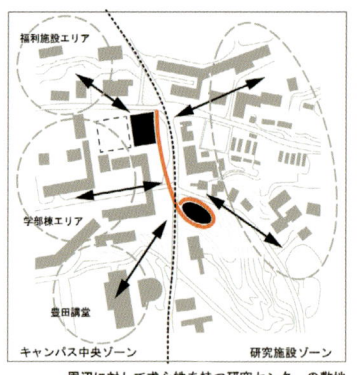

周辺に対して求心性を持つ研究センターの敷地

■シンボルとなる一枚の壁

計画される2つの施設は[研究実験]と[学術交流]という明確な機能分担があるが、それぞれは個別にあるのではなく、組織としても機能的にも相互に補完し合う一体のものと考えられる。そこで、100メートル以上離れている両施設をシンプルかつ最も効果的に結ぶ手段として、1つのなめらかな曲線を想定する。曲線は2つの建物の外壁を起点に始まり、中間部分の広場では緩やかなカーブを描く壁となって情報掲示板やゲートの機能を持っている。ここには学生や研究者が自由に集まれるデッキ状の半屋外スペースを設ける。壁はまた、隣接する理学部の駐車スペースに対する障壁にもなっている。ゆっくりとカーブする壁に沿って歩くと、研究室での活動内容や交流施設での催しの情報が手に入り、そのままスムーズに施設のエントランスに導かれる。

このように2つの施設とそれを取り巻く外部空間を一つの壁に沿って考えることで、学術的な分野の融合を目指す本研究センターの理念を建築の形態としても明確に表現し、キャンパス内にこれまである空間とは異なった新しいシンボル性を持ったエリアをつくることを提案する。

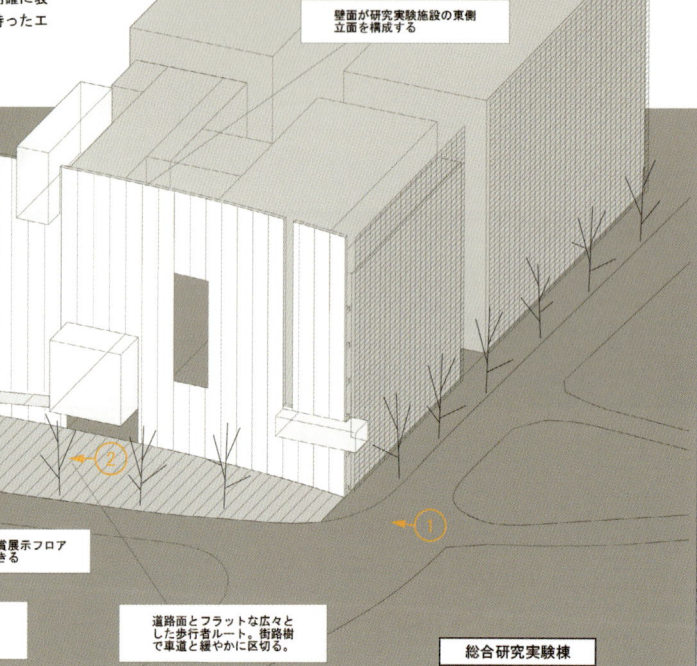

名古屋大学野依研究センター設計競技案　Nogoya University Noyori Research Center Competition　2002　003

（様式9）課題：②総合研究実験棟

■野依記念館をシンボライズした立面構成

全体計画に沿って、東側ファサードに緩やかにカーブする壁を自立させる。その壁から、施設の顔であり訪れる人が多いノーベル賞展示室と、野依教授室、野依記念図書室をガラスのヴォリュームとして突出させる。また総合研究実験棟の研究に支障が出ないように基本計画、基本動線を尊重しつつ、デッキテラス、ラウンジ、屋上庭園など開放的で快適な空間を効果的に挿入する。これらの操作によって生まれた、屹立する壁にガラスの箱と開口が印象的に浮かび上がるファサードは名古屋大学の新しいシンボルとしての機能を果たしてくれるだろう。

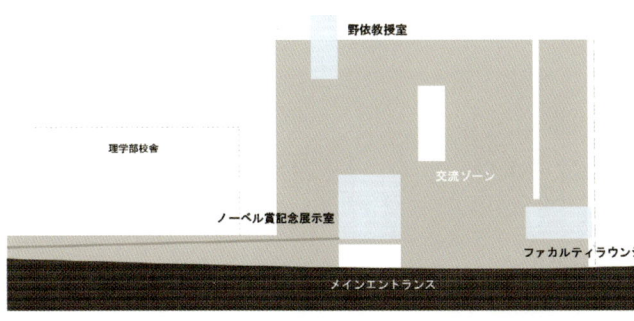

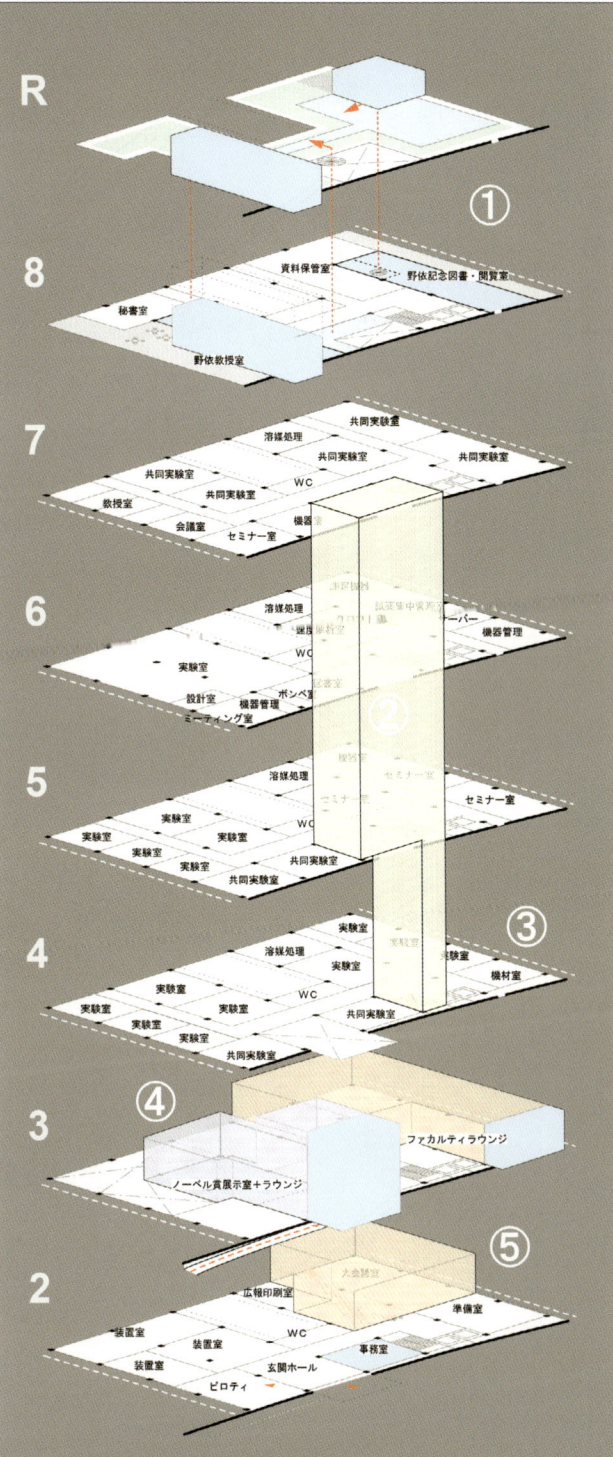

①立体的に展開する野依研究室と屋上庭園

屋上を庭園整備し、最上階と一体的に利用できるようにする。屋上緑化に加え、一部パーゴラ屋根の架かったデッキテラスを設けて、屋外パーティ等多様なアクティビティに対応する。野依教授室と野依教授記念図書室のガラスボックス部分からアプローチすることができる。

野依教授室、野依記念図書室に、加えられた二階分のガラスのヴォリュームは、空に開いた開放的な空間を作りだし、飛び出た部分からはキャンパスから市街まで一望することができる。

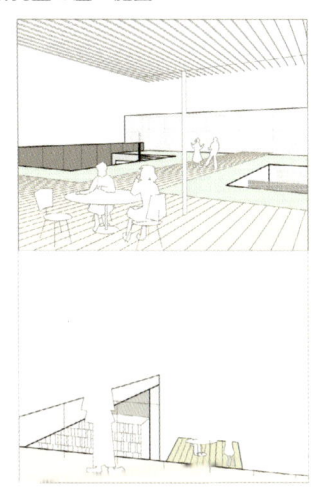

②縦に繋がる交流テラス

5－7階は階段室に隣接した部分に大開口を開き、休憩・交流ができる外部デッキテラスを設ける。ここに縦に繋がる空間を挿入することにより、各階間の交流が促され、研究者は施設を一体的に利用することができる。

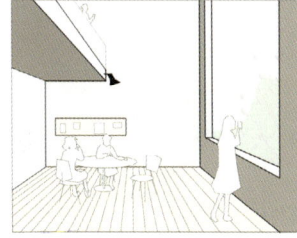

③ダブルスキンによる南北ファサード

北面は外部からの視界を遮るメッシュによるダブルスキンとし、内側の壁は室内の機能に合わせてパネルあるいはガラスの選択ができるようにする。南面は同様に、日差しを考慮してルーバーによるダブルスキンとする。

④外部環境を取り込んだノーベル賞展示室

展示室は、ラウンジと一体化し外部環境も取り込んだ開放的な空間とする。湾曲する壁沿いにスロープを設け、広場から直接アプローチできるようにする。吹き抜けの大空間は、関連展示や市民向けのレクチャー等幅広く利用することができる。

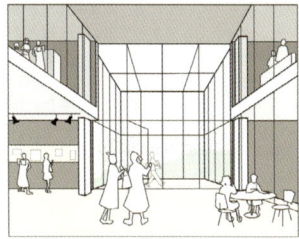

⑤大会議室と連続するラウンジ空間

事務室を玄関ホール脇に移動し、大会議室に付属したラウンジと、上階ファカルティラウンジに繋がる階段を設ける。大会議室と上下ラウンジ空間が一体的に利用できるようにする。

（様式9）課題：③学術国際交流施設

■緑に包まれた交流空間

建物の平面型は窪地状の敷地形状に合わせて、矩形よりも敷地形状に合った楕円形を採用している。それにより既存の緑地をできるだけ残しながら、建物と干渉する樹木を周辺にできるスペースに移植し、既存の環境を残すように考えている。また卵形の建物ボリュームは谷筋を流れる水や風に対し、建物による悪影響を最小限にとどめる形態としても適している。施設内のどの部屋からも周囲の緑が楽しめるように、外壁は開放的なガラスカーテンウォールで包む。

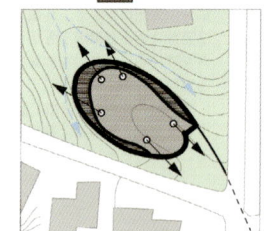

参考図平面の配置図　　楕円平面の配置図

■交流を生む空間の仕掛けをつくる

学術国際交流施設は大勢の人が利用する大空間と、落ち着いた雰囲気が求められる宿泊室という2つのゾーンで構成されている。それぞれの目的にあった空間をつくるために全ての機能を同じ階高の中にあてはめるのではなく、参考図の諸室配置を基本としながら施設全体の階高に変化をつけている。図書閲覧室と情報センターは機能的な関連性が強いため、メディアセンターとしてまとめて扱い、1階と2階の2フロア分を吹抜けと縦動線で結ばれた一体の空間とする。一方、宿泊室ゾーンは階高を約3mに設定することで5層分のフロアを確保している。これにより居住空間として相応しいスケールの空間とし、さらに長期滞在者がくつろげるラウンジを設けている。また、敷地の高低差を利用して、2階レベルを宿泊室ゾーンの独立したエントランスとしている。
2つのゾーンの間には共通の設備スペースを設け、フロアのフレキシビリティーを高めている。

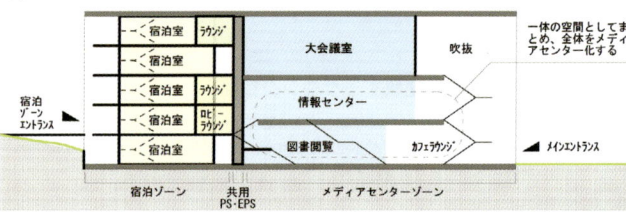

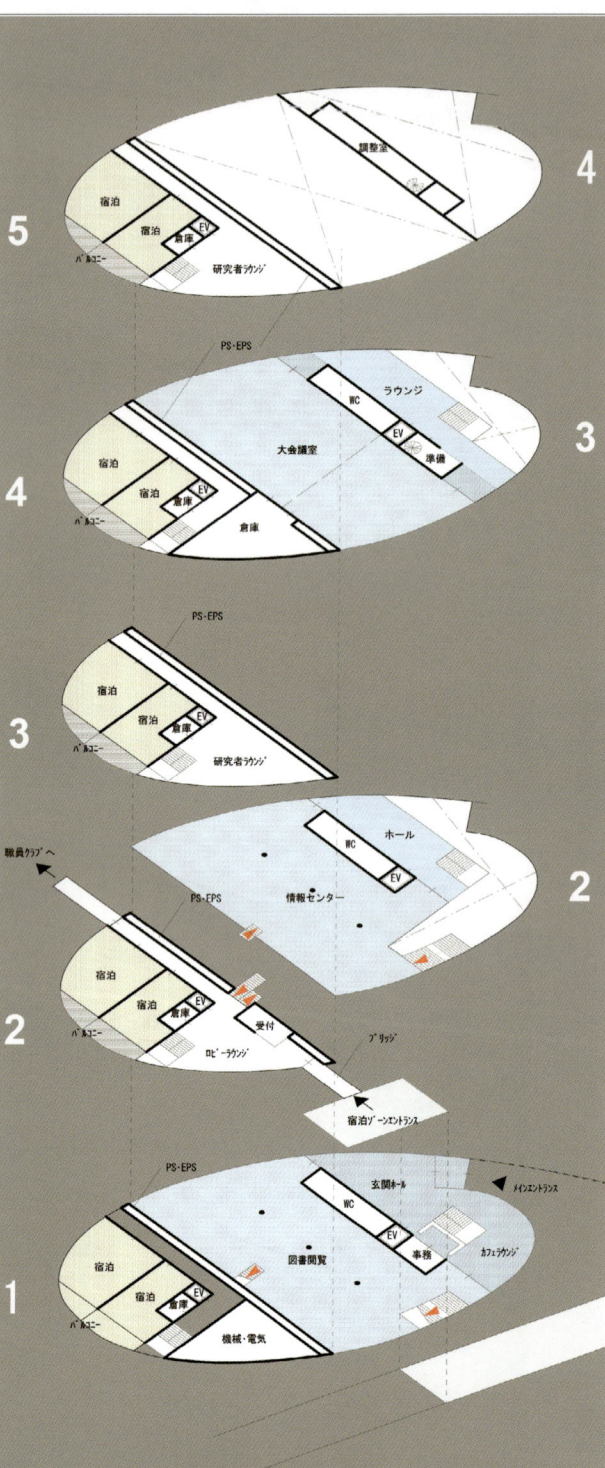

カフェラウンジから図書閲覧室を見る

■メディアセンターとしての立体的な空間構成

学内・学外の様々な情報と人が集まる図書閲覧室、カフェラウンジ、情報センターは全体を大きなワンルームのような空間と考え、その中で各分野の多様な交流が生まれる空間としたい。特に1階はフロア全体をできるだけ広く使い、訪れた人がその中で自由に最新の情報に触れることができるようにする。その空間の中にディスカッションエリアや映像ブースなどをコーナとして設けることでフレキシビリティの高い使い方ができる。事務室は玄関ホール、図書閲覧室、カフェラウンジの3方に面する場所に配置し、管理の省力化を図る。
2階は情報メディアを中央部に集約し、外周部は研究者が借りることのできるスペースを用意し、活発な交流と研究支援の場所を提供する。
3階大会議室はラウンジを介して3層分の吹抜けに通じている。大きな天井高を確保し、様々な規模の催しに対応できる可動間仕切りを設ける。

■場所の特長を活かした生活空間

宿泊室ゾーンは全体を5層構成とすることで共用部分に空間的なゆとりをつくり、2、3、5階に滞在者同士がゆったりとくつろげるラウンジスペースを設けている。また、2階フロアは図書閲覧室及び情報センターとスキップフロアを構成しているため、受付のチェックを通過して図書閲覧室や情報センターに直接アクセスする動線を取ることが可能である。
全ての宿泊室は谷筋に向かって開くように配置し、大きなバルコニーを持つ。これにより道路沿い及び職員クラブからは距離を保てるので、プライバシーを十分に確保しながら谷筋方向に広がる風景を楽しむことができる。

緑地に開かれた2階ロビーラウンジ

夢舞台万葉不老館

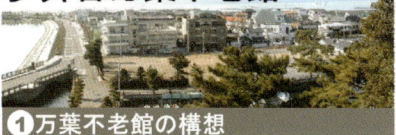

①万葉不老館の構想

1.ミニアートセンターとしての役割

【芸術活動の促進】
・ミニ・アートセンターとして、市民や芸術家がここに集まり新しい創作活動をするための工房となるとともに、アートと市民の出会う場所としても機能する。

【芸術活動の発信】
・鑑賞事業を中心に考えるのではなく、ここを基地として制作が行われ、さまざまな発信をしていく場所となる。発信にはエデュケーション活動やコミュニティアウトリーチ活動などの普及プログラムが含まれる。

【芸術活動の運営】
・芸術に興味のある市民が自由意志で集まる運営組織によって運営される。

【芸術活動の相談所】
・アーチストとの共同作業を通じて、企画、制作のノウハウを蓄積し、市民の芸術活動の相談所としての役割をもつ。

2. 地域ネットワークの交流点としての役割

【周辺公共施設との連携】
・この場における創作活動の集積が、周辺施設(市民ホール万葉館など)を利用した大きな活動へとつながっていく。

【異なる芸術間の交流の場】
・地域に眠る未利用施設(廃旅館、古民家、石泉閣など)を様々なジャンルの専門的な芸術活動の場として利用しこの万葉不老館は異なるジャンルの芸術間の交流やコラボレーションの場として機能する。

【地域組織との連携】
・地域の教育機関、地元企業、劇団や芸術家などの市民グループとの共同による企画・運営をしていくなど、地域組織とのネッワークをつくる。

【和歌浦の七つ目の丘】
・環境ネットワークのひとつとしての、役割を持ち、和歌浦が持つ多様な自然を感じられる場所となる。

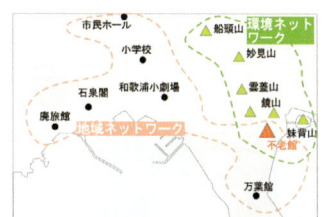

3. 和歌山ブランドの創出・発信拠点としての役割

・和歌山にある伝統工芸と現代の技術を生かした新しい和歌山オリジナルのものを創出・発信していくための拠点となる。

4. 観光客の和歌浦を発見する場としての役割

・万葉不老館は、和歌浦を訪れる人にとって、新しい情報を入手したり、ゆっくりと景観を楽しめるような休息の場となる。

②市民の活動がプログラムを決める

様々な活動から導き出される空間イメージ

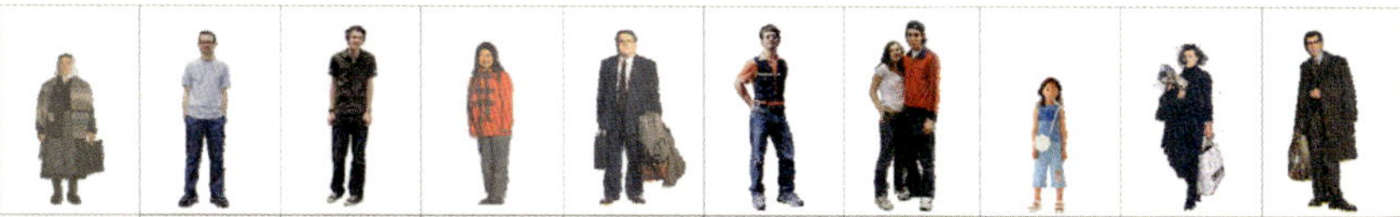

人物										
職業	おばあちゃん	フリーター	高校生	主婦	公務員	地元芸術家	観光客	小学生	会社員	ディレクター
年齢	(71)	(19)	(17)	(42)	(47)	(26)	(22・18)	(9)	(31)	(39)
経歴	近所にすむおばあちゃん好きな言葉は「成せばなる」	夢は武道館ライブ。バイトを続けながらバンドを組んでいる	地元高校の映画部に所属ジブリ映画の大ファン	近状の編物サークルに所属最近の悩みは夫の帰りが遅いこと	地元の劇団の演出兼脚本家去年、3度目の結婚をする	旅館でバイトをしながら絵を描いている。一見おとなしいが野心家である	はじめての旅行で、海水浴にきている。実は親には内緒である。	地元小学校に通う4年生近頃、色つきリップをつけはじめている	市街にあるベンチャー企業の社員。ボランティアでパソコンを教える	東京からヘッドハンティングされてきた。館では技術系の職員

導き出された空間コンテンツ

空間	略号	内容
オフィス	Ofs	管理、運営の拠点となる場所
ミュージックスタジオ	mSd	バンド練習にも使える防音スタジオ
レンタルギャラリースペース	ReG	自由に使える貸しギャラリー
ミュージックステージ	mStg	音楽の発表などに使えるサブステージ
カフェ	Cf	気軽に立ち寄れる飲食場
PCスタジオ	pcSd	映像、音楽の編集もできるパソコンスタジオ
ショップ	Shp	地元の特産品が置かれる常設ショップ
フリーワークショップスペース	fWs	自由な活動が行われるワークショップスペース
フリーライブラリー	fLB	自作のCD、脚本などがおけるライブラリー
ルーフガーデン	RG	和歌浦を一望できる屋上庭園
ドラマワークショップスペース	dWs	演劇のワークショップが行われるスペース
ミュージックワークショップスペース	mWs	音楽のワークショップが行われるスペース
オープンスペース	Os	野外広場と一体的に使えるオープンスペース
映写スペース	prs	ステージに映像を映し出せるスペース
インフォメーション	Inf	館内外の情報ステーション
ドラマステージ	dStg	演劇などに使えるメインステージ

③ギャラリーストリートが空間をつなげる

和歌浦の路地空間の延長
提案するギャラリーストリートは、様々な魅力ある場所・活動をつなぐ和歌浦の路地のように、施設内の各活動がにじみ出る道空間となる。そしてさらに、その空間自体が情報の拠点となる。

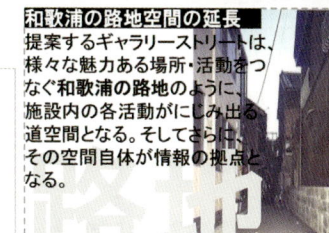

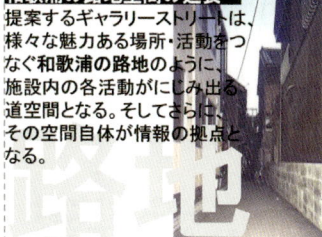

丘を登る小道
ギャラリーストリートは和歌浦に点在する丘を登っていく小道のように景色を楽しみながら各場所・活動をめぐる感覚を創り出す半屋外経路である。

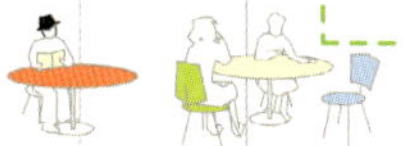

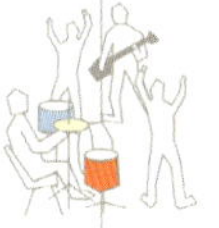

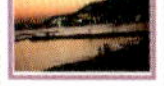

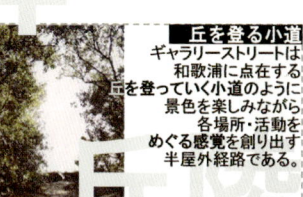

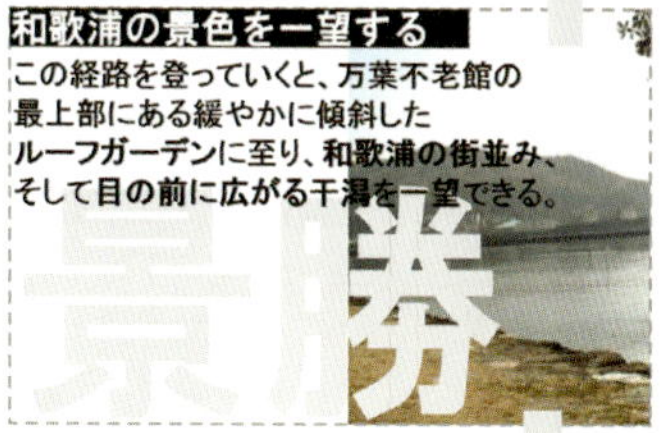

和歌浦の景色を一望する
この経路を登っていくと、万葉不老館の最上部にある緩やかに傾斜したルーフガーデンに至り、和歌浦の街並み、そして目の前に広がる干潟を一望できる。

和歌浦の持つ特性から導き出された螺旋状に登るギャラリーストリート

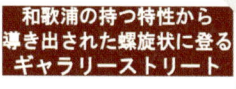

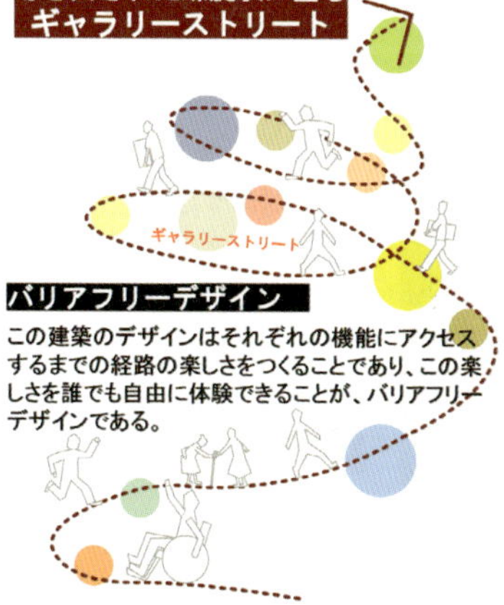

バリアフリーデザイン
この建築のデザインはそれぞれの機能にアクセスするまでの経路の楽しさをつくることであり、この楽しさを誰でも自由に体験できることが、バリアフリーデザインである。

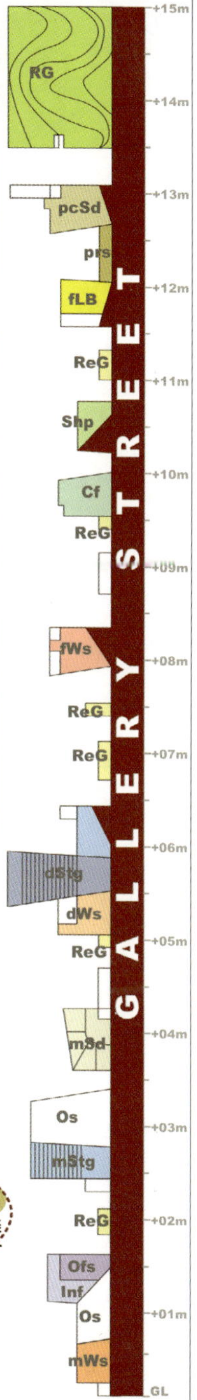

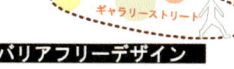

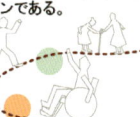

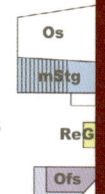

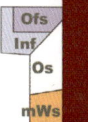

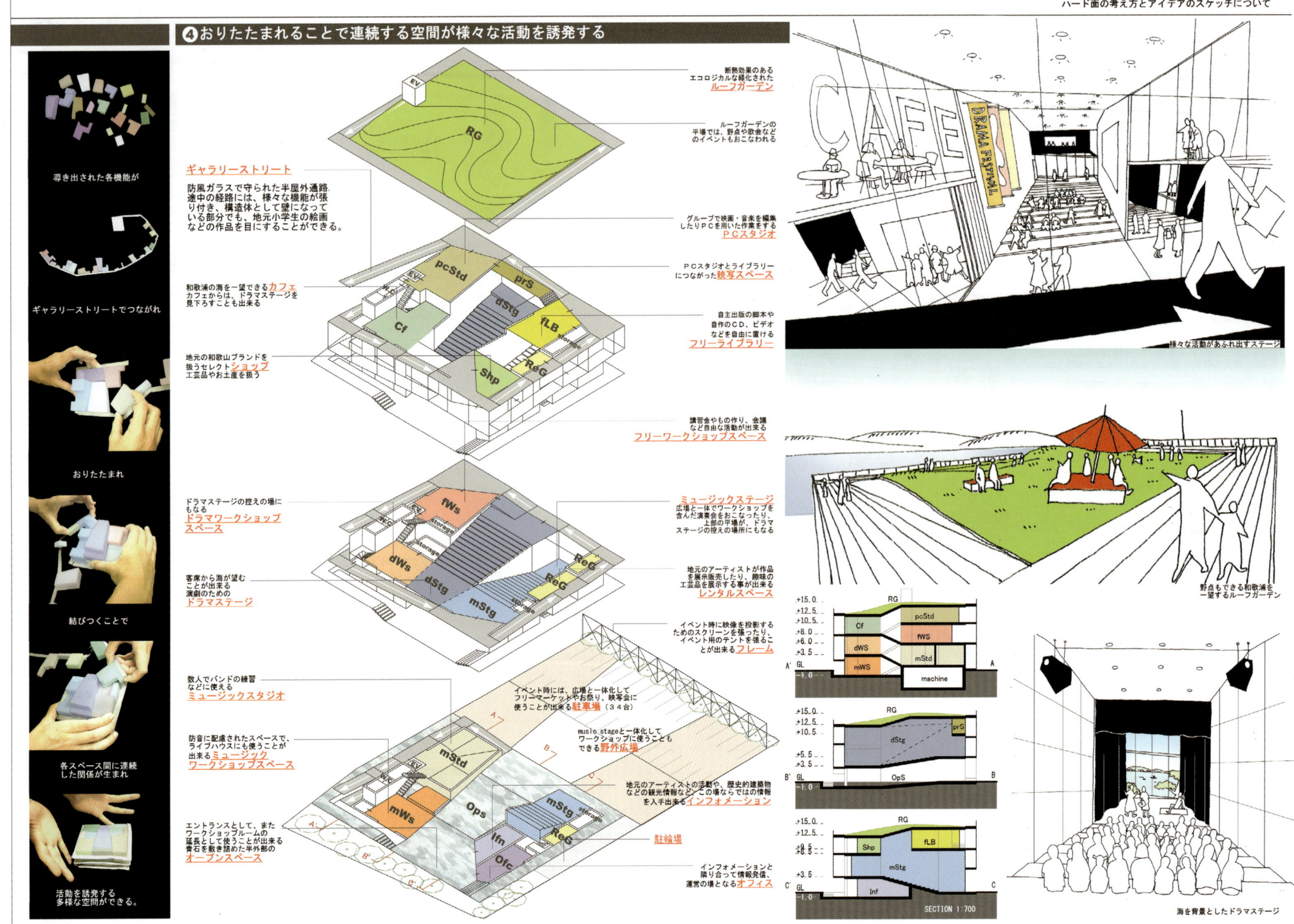

市民を主体とした運営体制とその方法について

❺ 万葉不老館の運営イメージ

運営の骨格を最初にしっかりとつくり、活動の発展に伴い組織を充実させる。

施設運営の基本的な考え方
- ■市民による地域文化の「鑑賞」・「参加」・「創造」
- ■地域の芸術文化活動を通しての「連携」「交流」
- ■市民の意思（企画）と手（ボランティア）による事業の企画・運営
- ■地域芸術文化活動を通してのまちづくり・ひとづくり

【運営体制】　　　　　　　　【市民の自主活動】

【揺籃期】
- ■財団法人内部スタッフによる自主事業立ち上げ（既存の財団法人の活用）
- ■ボランティアスタッフの組織化
- ■フォーラム代表等からなる運営委員会の創設
- ■文化活動サポーター組織としての和歌浦文化芸術フォーラムの創設
  - ・市民のクラブ活動（施設の優先割引、割引利用）
  - ・鑑賞（チケット先行予約、割引、情報誌送付）
- ■フォーラム運営のコアとなるディレクター制度の導入
  最初は
  - ・プログラミングディレクター（企画）
  - ・マネージングディレクター（管理）
  を置く。

【成長期】
- ■施設管理主体としての財団法人の役割の明確化
  - ・施設の管理と技術部門
  - ・貸し施設の運営
- ■事業の運営主体としてのNPO法人の設立と企画・運営業務の移管
  - ・事業部：ディレクター会議／自主事業、共催事業、地域創造/育成事業
  - ・広報部：情報誌の発行、ホームページ
  - ・総務部：組織と財政管理
- ■市民へのアウトリーチ活動の促進
  - ・市内の学校における活動との連携
  - ・市民文化活動に対する情報提供と支援
- ■活動が活発になるにつれディレクター制度を充実させる。各ジャンル毎に専門ディレクターを置く。
  - ・総合ディレクター
  - ・音楽ディレクター
  - ・舞台芸術ディレクター
  - ・映像／ライブラリー・ディレクター
  - ・ショップディレクター

【発展期】
- ■市民プロデューサー制度の確立
  - ・市民プロデューサーの育成
  - ・市民による企画提案の評価システム
  - ・地域創造事業／育成事業に対する助成
- ■市民の芸術文化活動の組織化・NPO化
  - ・多様な市民文化活動の支援
  - ・アートマネジメントの推進
- ■市の外部組織とのネットワークづくり
  - ・国内外の芸術家とのネットワーク
  - ・国内の類似施設との事業実施に関わる連携

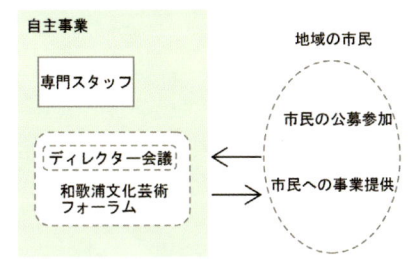
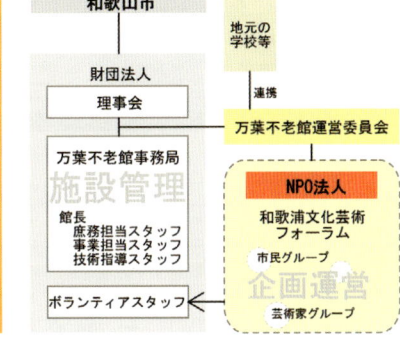
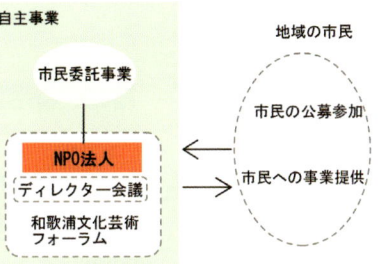
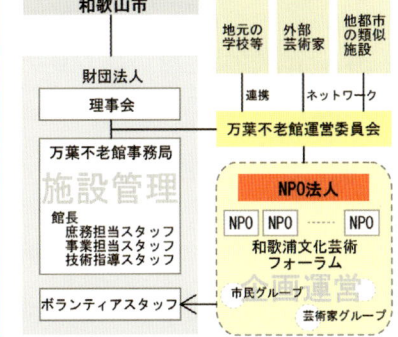
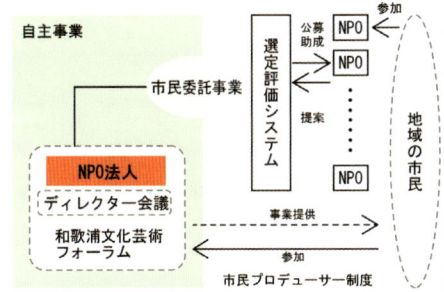

❻ 事業内容の提案

万葉不老館では、主に創造活動と普及活動が行われる。市民の創造活動の場所となるだけでなく、市内、域内の芸術家を組織化し、普及活動を含めた活動を行う。
また、外部の芸術家によるワークショップなど、市民への芸術伝達の活動も行われる。

以下に万葉不老館またはNPOが自主的に行う事業（自主事業）と予算規模を示す。（企画は市民から提案され、選抜する。市民とスタッフが一緒に企画制作を進める）

【事業例】
1. **芸術家（市内、中央）同士の新しい創造の可能性を開発するための企画**
   ※例）・映像と音楽と演劇といった異なるジャンルの芸術のコラボレーションイベント
2. **市内の芸術家による、芸術の普及活動となる企画**
   ※例）・市内の芸術家によるアウトリーチ活動を通じ、普段触れる機会の少ない人たちに芸術環境を届ける事業。発表機会にもなる。
3. **芸術に興味のある市民が芸術家と出会い、そのエッセンスを感じる機会を作る企画**
   ※例）・市内・中央芸術家によるワークショップやレクチャーなど
4. **中央、外国の芸術家が参加するミニフェスティバルによって、市民に新しい芸術活動の息吹を伝える**
   ※例）・在阪のジャズプレイヤーによる、ジャズ道場とセッションによるミニフェスティヴァル。アマプロを巻き込み、学園祭のノリで、全国から若手ミュージシャンが参加するなど周りの宿泊施設とも連携したプログラムへの発展が考えられる。
   ・万葉の歌フェスティバル。古代から現在にまで「うた」を題材にした歌会を行う（和歌、謡い、詠唱、歌曲などジャンルを横断したことができると面白い）
5. **市民が万葉不老館を自主的に運営していくためのスタッフ養成講座**
   ※例）・演劇分野では、照明、音響、舞台美術などの仕込みや操作を行う舞台技術のボランティアスタッフの養成講座
   ・演劇、音楽等の一流アーティストを呼ぶ市民向けのワークショップといった事業をどのように運営していくか、また和歌山に必要な演劇・芸術活動は何かなどについて考えられる人を育てるマネジメント講座
6. **地元の企業や教育機関（小・中学校、高校、大学）といった地元組織と連携した企画**
   ※例）・演劇を使って自己表現や他人とのコミュニケーションがうまくできるようにする目的の小中学生を対象にした、毎月二回程度定期的に行われる演劇スクール
   ・大学のサークルとの共同企画イベント
   ・地元ベンチャー企業から講師を招いた講演やレクチャー、ワークショップなど。

【予算規模】
1. 和歌山市の人口、国際空港に近い立地などを勘案し、芸術家の外国からの招請も考えるとここで行われるアートのSOHO的事業の予算規模は、ハードの管理費を別として最低でも年間5000万程度を確保できるとよいと思う。
2. 万葉不老館に一番必要なのは、質の高い企画制作を行う能力を持った人材を確保することであり、人的ノウハウのサービスを提供するための費用を通常のホール運営より厚めに見なくてはならない。
3. 事業のうち、市民や市内の芸術家の活動に関しては、優れた企画を援助する助成とし、主体的な予算で行う企画は、普及型企画とフェスティヴァルの部分と考える。

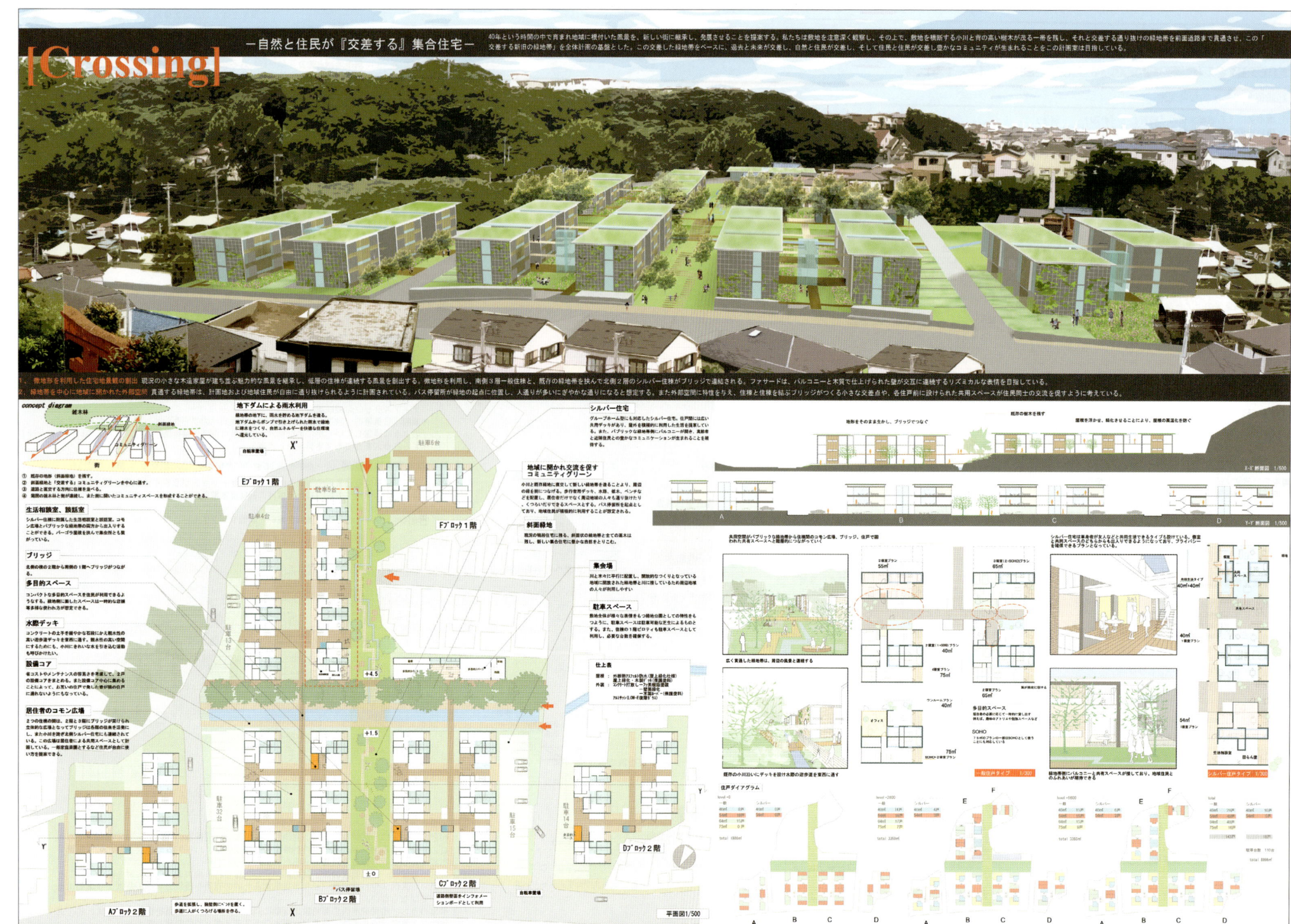

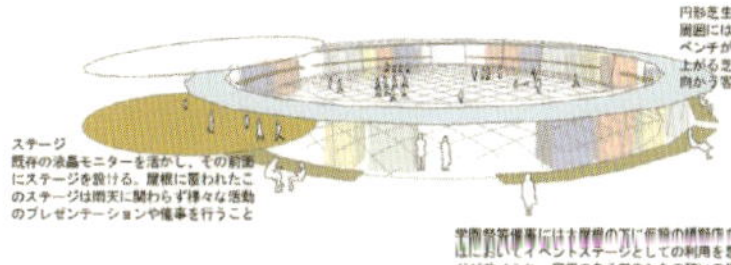

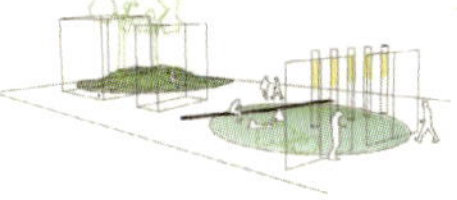

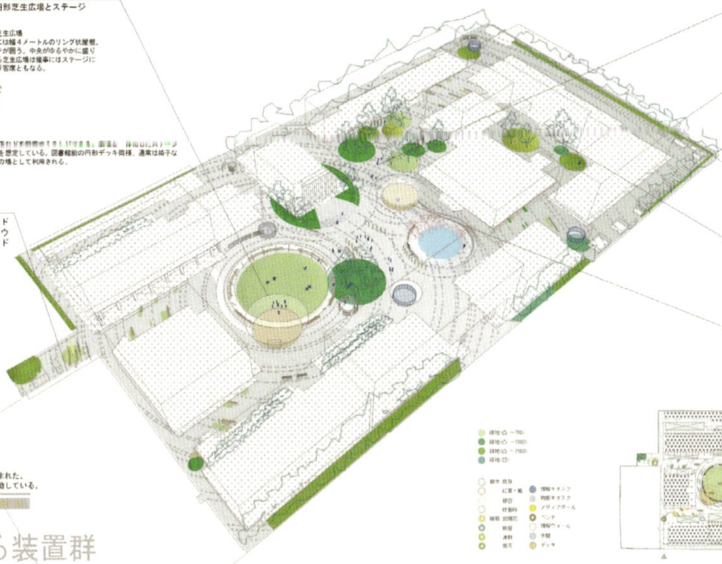

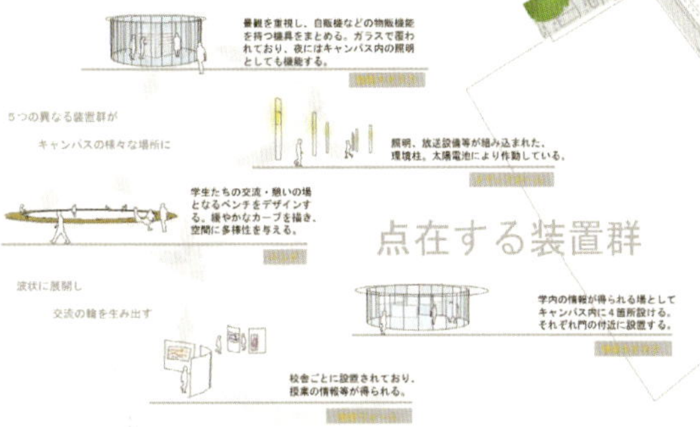

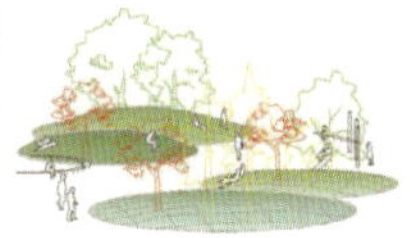

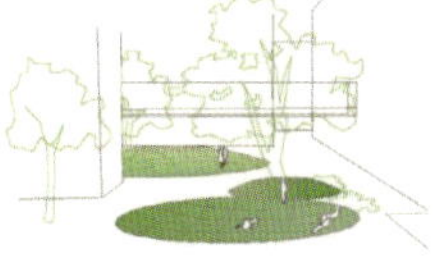

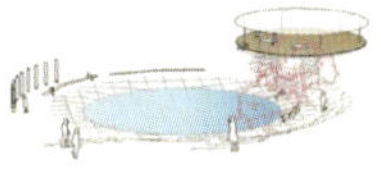

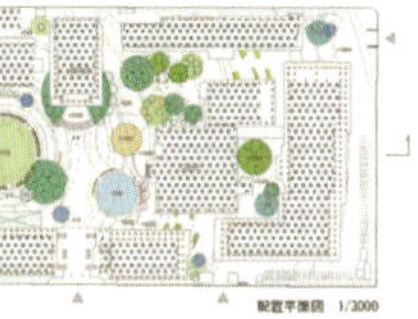

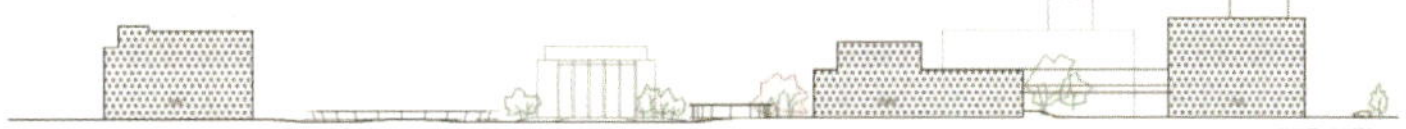

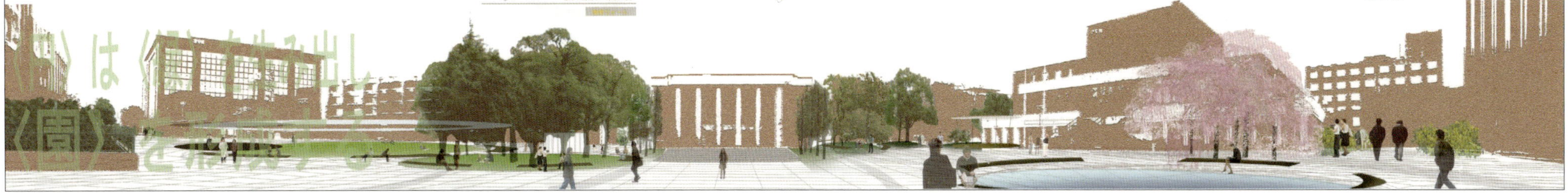

平成 22 年度元総社県営住宅整備事業設計者選定競技

染谷川コモンズ

設計コンセプト

染谷川の周囲に広がる住宅地や対岸施設と共に一体的な環境をつくり、これからの地域社会に向けた新しい低層回遊型集合住宅を提案します。

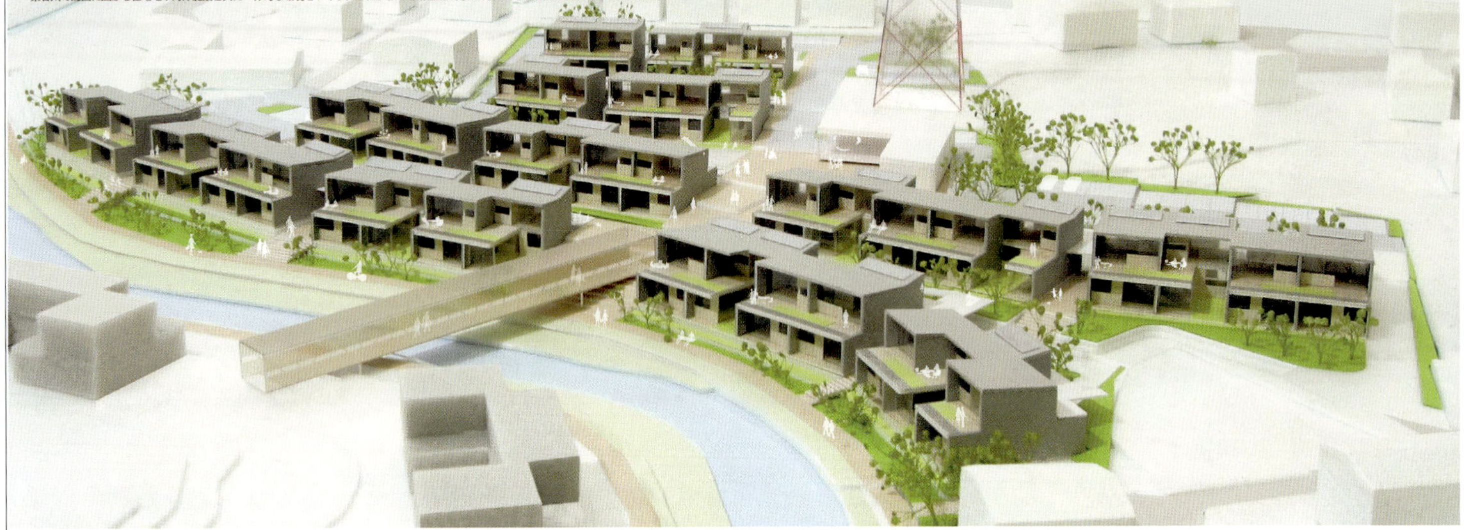

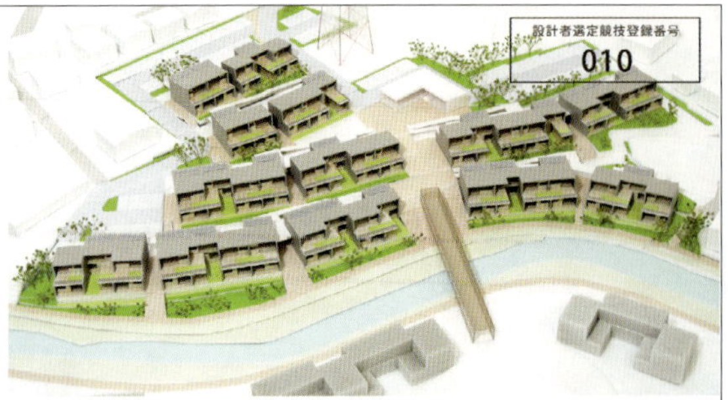

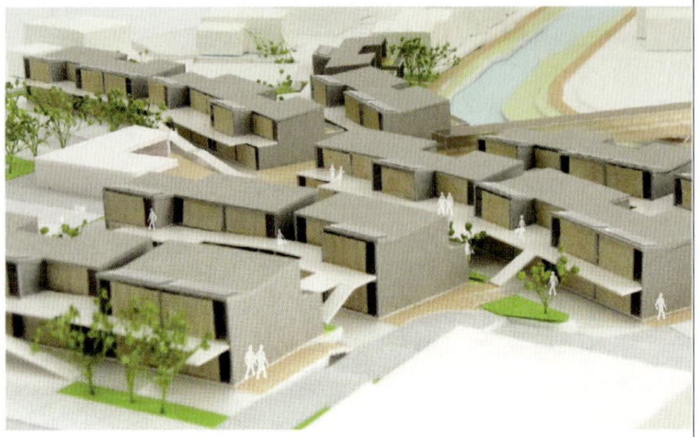

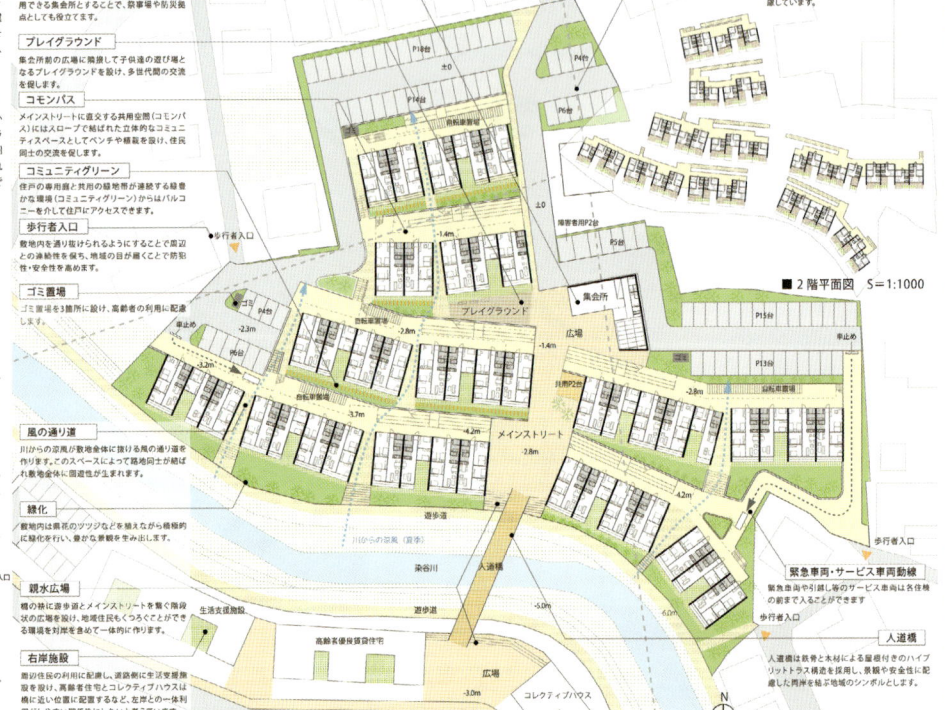

01 敷地利用計画

■ 高低差を活用したバリアフリーアクセス

川に向かって緩やかに下る中央のメインストリートから東西に伸びる半階分のスロープによって 2 階建て住棟にアクセスする形式により、エレベーターを設置せずに全住戸へ完全なバリアフリーでアクセス出来る住棟計画とします。

■ 特徴ある敷地形状を反映した住棟配置

造成量を最小限に抑える計画とするために、緩やかな高低差のある現況地形の等高線に沿った、ストライプ状の分散型住棟配置とします。全ての住戸は川に向けた南面配置となり、前後の住棟が半階分ずれて配置されるため、充分な自然採光・通風を確保できます。

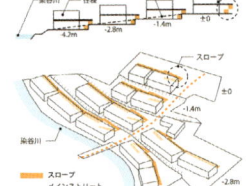

■ 人と車の共存を図る明快な動線計画

北側アプローチから敷地外周に沿って車両ルートを設け、住棟に隣接する駐車場をとることで高齢者の車利用に配慮し、緊急車両や引越し等のサービス車両も住棟にスムーズにアクセスできるようにします。このルートによりメインストリートを軸とする共用空間は子供たちや高齢者が安心して過ごせる歩行者中心の生活空間とすることができます。

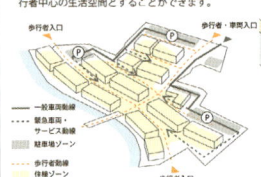

集会所
敷地中央に集会所を設け、広場との一体利用が可能な開放的なつくりとします。近隣住民も利用できる集会所とすることで、祭事場や防災拠点としても役立てます。

プレイグラウンド
集会所前の広場に隣接して子供達の遊び場となるプレイグラウンドを設け、多世代間の交流を促します。

コモンパス
メインストリートに直交する共用空間(コモンパス)にはスロープで結ばれた立体的なコミュニティスペースとしてベンチや植栽を設け、住民同士の交流を促します。

コミュニティグリーン
住戸の専用庭と共用の緑地帯が連続する緑豊かな環境(コミュニティグリーン)からはバルコニーを介して住戸にアクセスできます。

歩行者入口
敷地内を通り抜けられるようにすることで周辺との連続性を保ち、地域の目が届くことで防犯性・安全性を高めます。

ゴミ置場
ゴミ置場を3箇所に設け、高齢者の利用に配慮します。

風の通り道
川からの涼風が敷地全体に抜ける風の通り道を作ります。このスペースによって路地同士が結ばれ敷地全体に回遊性が生まれます。

緑化
敷地内は県花のツツジなどを植えながら積極的に緑化を行い、豊かな景観を生み出します。

親水広場
橋の袂に遊歩道とメインストリートを繋ぐ階段状の広場を設け、地域住民もくつろぐことができる環境を対岸を含めて一体的に作ります。

右岸施設
周辺住民の利用に配慮し、道路側に生活支援施設を設け、高齢者住宅とコレクティブハウスは橋に近い位置に配置するなど、左岸との一体利用がしやすい関係性にしたいと考えています。

高圧線への配慮
建物を2層に抑えることで十分な離隔を確保し、また鉄塔の付近には住棟を配置しないよう配慮しています。

■ 2 階平面図　S=1:1000

緊急車両・サービス車両動線
緊急車両や引越し等のサービス車両は各住棟の前まで入ることができます

人道橋
人道橋は鉄骨と木材による屋根付きのハイブリットトラス構造を採用し、景観や安全性に配慮した両岸を結ぶ地域のシンボルとします。

■ 配置図兼 1 階平面図　S=1:500

02 住棟および住戸計画

■ 可変性のある住戸ユニットと水廻り

水廻りを組込んだ 6m x 5m=30 ㎡の平面を基本単位とし、モジュールを追加して 45 ㎡、60 ㎡の住戸を構成します。水廻りは 1 箇所に集約して平面の自由度を高め、さらに各戸共通ユニットとして合理化を図ります。

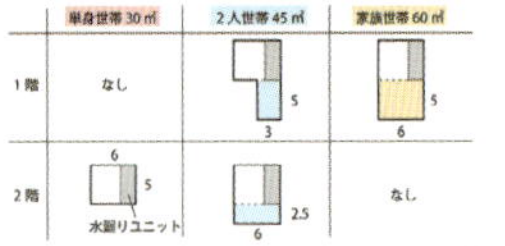

予備配管により、将来水廻りユニットを追加して 60 ㎡住戸を 2 分することが可能です。30 ㎡と 45 ㎡タイプを連結して 75 ㎡住戸をつくることもできます。

■ 壁式 RC 構造＋木質パネル

南北に配列した RC 薄肉ラーメン架構に対し、直交方向を木質パネルで構成することで RC の耐久性・経済性と木質構造の可変性を兼ね備えた住戸ユニットを提案します。木質材料には県産材を積極的に採用し、木製サッシや断熱材も含めたパネルの工場生産化により構法の合理化、低コスト、メンテナンス性の向上を図ります。

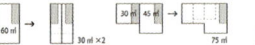

■ 環境負荷を抑え地域風土に適した住棟計画

住戸は南に向けて開放的なつくりとし、住棟間に風の通り道を設けることで夏期は川からの涼風を導き、冬期の北風「赤城颪」に配慮します。採光とソーラーパネルの設置に適した V 字断面の屋根とするなど、建物自体の工夫によりのＬＣＣの低減を図ります。また、共用空間の舗装は透水性舗装として敷地内浸透により処理します。

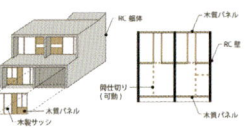

■ 多世帯コミュニティミックス

1F：路地空間を介したコミュニティ

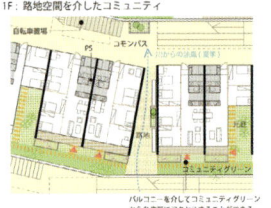

2F：各住居を結びつけるコモンパス

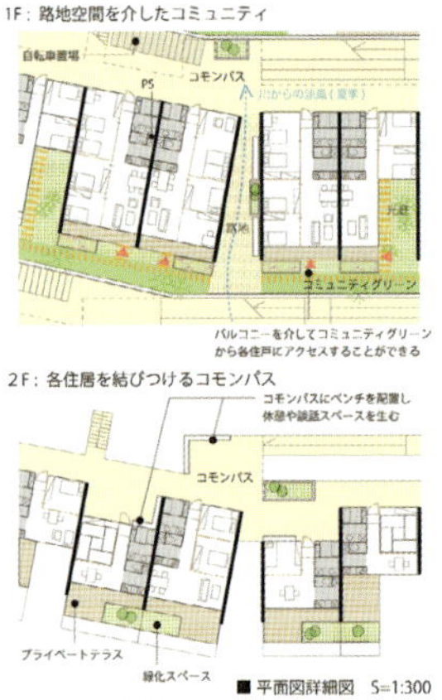

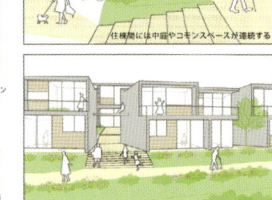

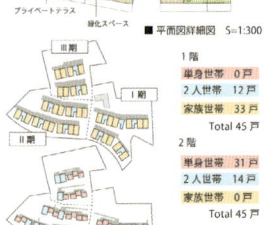

■ 平面図詳細図　S=1:300

1 階
単身世帯　0 戸
2 人世帯　12 戸
家族世帯　33 戸
Total 45 戸

2 階
単身世帯　31 戸
2 人世帯　14 戸
家族世帯　0 戸
Total 45 戸

Total 90 戸

■ 住戸戸数

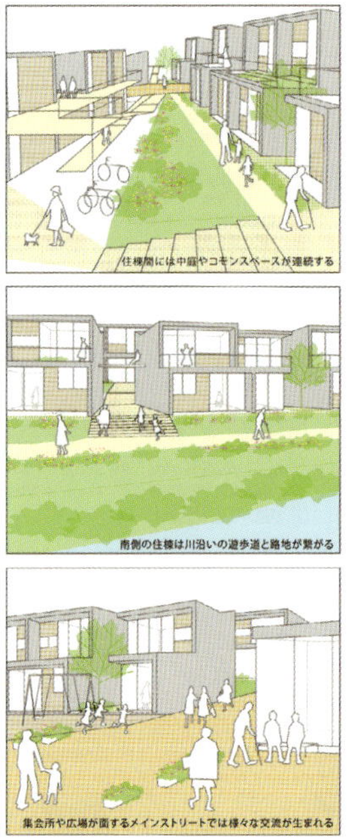

1 階：住戸専有 2640 ㎡／共用部 300 ㎡／集会所 140 ㎡
2 階：住戸専有 1560 ㎡
Total 4640 ㎡

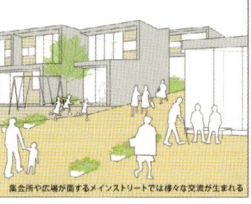

■ 住棟規模

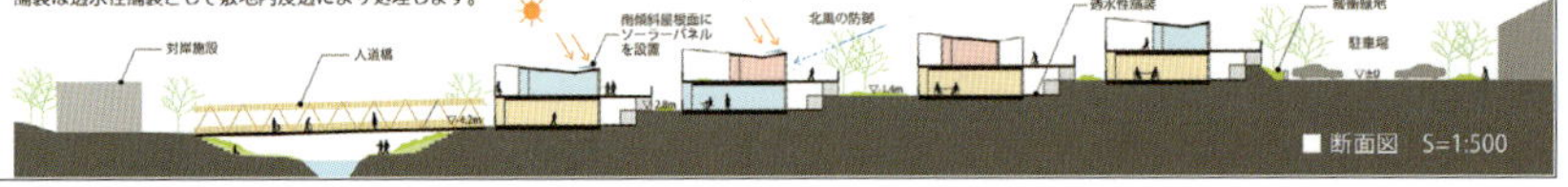

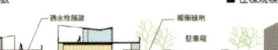

■ 断面図　S=1:500

元石川小学校第二方面校設計競技案　　Motoishikawa Elementary School Competition　　2009　　011

(要領-3)　課題に対する提案　　課題：行きたくなる魅力ある小学校施設のあり方

丘に学ぶ、丘に集う

美しが丘の街並みを一望出来る高台に、様々な学びの空間や遊び場が「小さな丘」のように立体的に積層する新しい小学校を提案します。子供たちが自由に「丘」に集い学び合いながら、自分の居場所を発見していくことの出来る豊かな環境を作り出すともに、先生方の想像力も刺激し、新しい授業カリキュラムに対応することが出来る教育空間を目指します。

① 敷地分割及び当該小学校設計に関する基本的な考え方

□ まちと連続する「丘」のような学校
南に向かって広がりのある周辺の傾斜地との調和を図りながら、「丘」のように広がる明るく開放的な学校を提案します。立体テラスや豊かな緑によって多様な空間を生み出しながら、子供たちの生活の場としてもより良い環境をつくります。

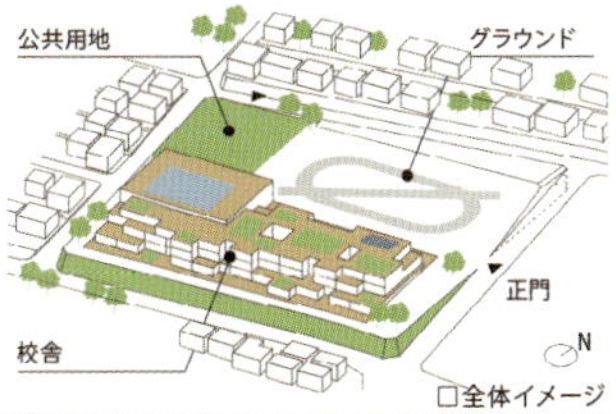

□ 地域に開かれた配置計画
校舎は、日当たりの阻害など周辺住宅地への影響が少ない敷地南側に配置します。校舎南面に教室群と立体テラスを積み重ねることで、丘の上で展開する子供たちの多様な学習活動の様子がまちへと広がる風景を作り出します。また、敷地北側にはグラウンドを配置し、隣接する住宅地に対して開かれたオープンスペースを確保します。残地は道路との高低差が最も少なくアプローチしやすい位置に設け、施設建設時や完成後も子供たちが安心して授業を受けることの出来るよう配慮します。

② 将来の学習システムの変化にも弾力的に対応でき、地域住民が親しみを持ち誰もが利用しやすい施設計画についての考え方

□ 分かりやすく使いやすいゾーニング
野外学習を行うことの出来る「テラスゾーン」、子供たちの生活拠点としての「普通教室ゾーン」、多様な授業カリキュラムや地域利用に対応する「多目的室ゾーン」、地域開放機能を集めた「特別教室ゾーン」を、グラウンドも含めてストライプ状に配置する明快なゾーニング計画を行います。グラウンドと正門を見通すことの出来る位置には管理ゾーンを設け、子供たちの安全やセキュリティに十分配慮します。
またグラウンド、特別教室、多目的ゾーンまでを開放出来るエリアとし、地域利用に柔軟に対応出来る施設構成とします。
敷地全体をどこに居ても見通しの良い計画とし、いじめや登校拒否に繋がる恐れのある裏のような場所は一切作らないよう配慮します。

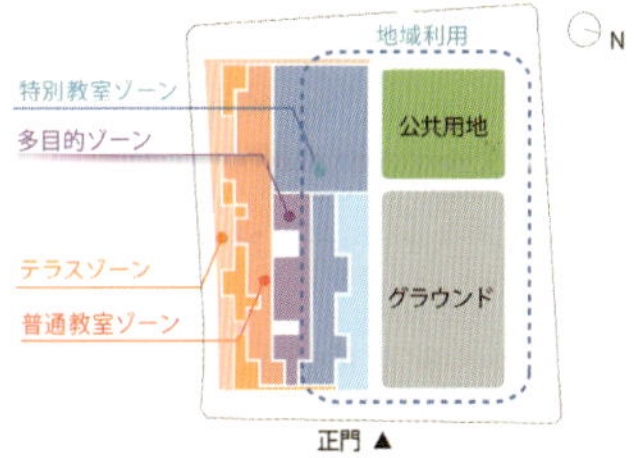

□ 室内外に渡る多様な学習スペース
従来の片廊下型の教室配置ではなく、テラス、普通教室、多目的スペース、特別教室を授業形態や活動内容に応じて横断的に利用できる新しい空間構成を提案します。
また、無駄に大きなスペースを作るのではなく、使い勝手の良いスペースを立体的に集積させていくことで、子供たちの自由な活動に対応出来る学校をつくります。

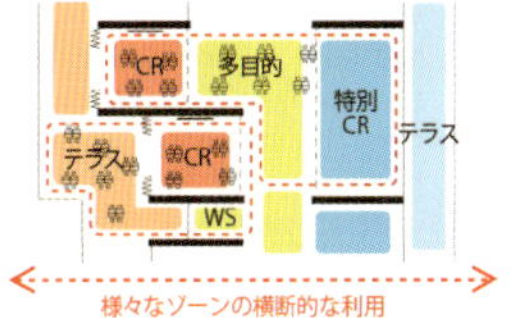

③ メンテナンス性、コスト(イニシャル、ランニングを含む)低減についての考え方

□ 自然エネルギーを生かしたコスト低減
躯体への日射を和らげる屋上菜園、ソーラーパネル設置などの自然エネルギーシステムを配置し、ランニングコスト低減を図ります。
またイニシャルコストとしては、正門位置の変更や前面道路との高低差解消などを行わず、現在の敷地条件を最大限計画に生かすことで、残土排出費などの余分なコストを減らします。また、最適な丘状の建築形態に合致した合理的な構造設備計画を行いコストダウンを図ります。

④ 当該施設の立地特性を考慮した環境負荷の低減と快適な学習環境（室内環境、周辺環境）づくりについての提案

□ 地域環境にも配慮した学校づくり
周辺のまちからも認識しやすい高台に建つ学校として、立体テラスや敷地境界擁壁の緑化による景観配慮や、近隣の住宅地に影を落とさない配置計画などによって、学校内だけでなくまちにとっても快適な施設環境を育みます。また室内環境としては自然エネルギーや木質系などの温かみのある内装仕上げなど、子供たちの肌にも優しく安全な空間を目指します。

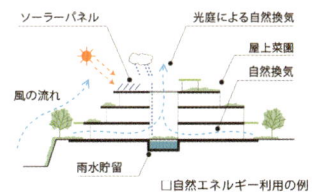

(要領-4)　課題に対する提案　　敷地分割の考え方と施設全体のゾーニング計画図及び断面計画図

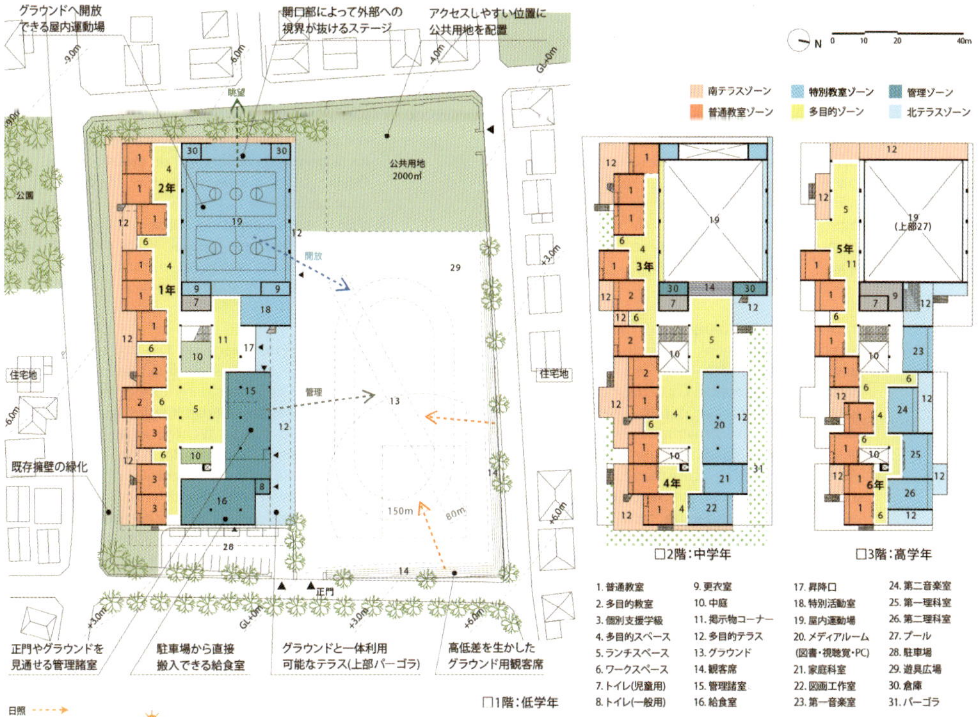

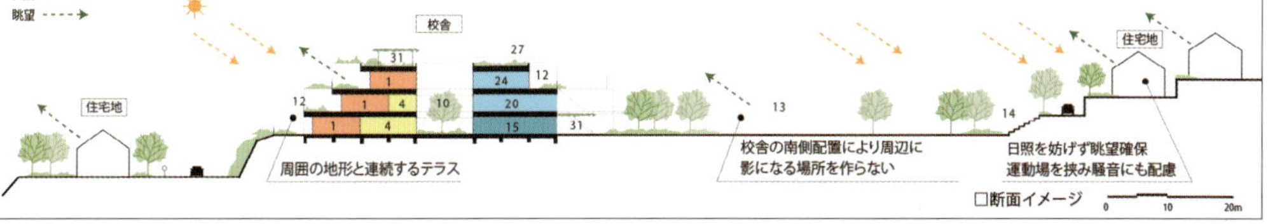

NOTICE EXPLICATIVE 001

Depuis 1986, notre pratique professionnelle de l'architecture nous amène à travailler sur des problématiques riches et diverses. En recherchant toujours le maximum de possibilités, nous travaillons à construire des histoires qui nous permettent de réaliser des constructions cohérentes pour le plus grand bénéfice de nos clients.
En restant fidèle aux souhaits et objectifs développés avec nos clients, nos réalisations cherchent à transmettre un message cohérent et clair que nous prenons soin d'élaborer avec les différents intervenants dans sa conception jusque dans les détails de la réalisation.

1) Pour la réalisation du centre de recherche et développement automobile situé à Caligny, à proximité de Flers, en Normandie, nous pensons que les idées d'environnement, d'automobile, d'identité visuelle et de composition offrent des éléments-clés permettant de répondre au plus proche des attentes de nos partenaires et aux attentes du site du projet. Notre compréhension du site et la réponse au programme se base sur l'analyse de ces quatres concepts principaux qui nous servent de lignes directrices.

Environnement et écologie
Aujourd'hui clairement, il est indispensable de travailler pour le respect de l'environnement partout dans le monde. Cette définition d'une idée de croissance durable, à la fois respectueuse de l'environnement et des besoins liés à l'activité humaine permet d'articuler notre construction autour d'objectifs réalistes et concrets. Le projet de centre. en Normandie ne travaille pas en contradiction mais propose d'être soutenue par les conditions du climat, les qualités du contexte et du patrimoine rural.

Technologie Automobile
Au début du siècle précédent, l'automobile était d'abord une invention en constant développement qui allait tout changer. Son incroyable diffusion bouleversa les échanges économiques et sociaux, jusqu'aux formes des villes et des bâtiments. Aujourd'hui, la recherche de solutions techniques donne le pas aux innovations de l'automobile, comme par exemple l'amélioration des équipements automobiles qui sont des éléments importants du confort et de la sécurité dans le respect de l'environnement.

Identité visuelle
A l'initiative conjointe de partenaires publics et privés, l'architecture est appelée à intervenir sur le paysage. La constitution de ce pôle d'excellence ouvre de nouvelles perspectives : apporter de l'originalité et du sens au site, proposer des intentions pour le bénéfice du plus grand nombre, renforcer la compétitivité globale de l'activité industriel en participant à l'amélioration de sa production. Quelles sont les innovations fonctionnelles à apporter? Quelle forme donner à la création d'un campus industriel dans la région de Flers? En somme quelle image pour le bénéfice de la région et d'équipementiers automobiles d'envergure mondiale?

Composition
En bordure du village de Caligny, le centre contient de nombreuses fonctions qu'il est essentiel d'organiser dans une composition d'ensemble harmonieuse. Centre, restaurant, usine, école, locaux techniques et aires de stationnement créent des flux et des mouvements qu'il est nécessaire d'organiser en relation avec beaucoup de choses, le site, la pente, la verdure, les plantations existantes, les vues ou le soleil… car l'implantation est conçue pour obtenir une très faible surface bâtie.
Il s'agit d'une composition architecturale où la recherche de lumière naturelle et de vues jouent un rôle primordial. Les parkings sont placés de manière à obtenir une organisation rationnelle face aux bâtiments dans un souci constant de s'insérer dans le paysage.

Ces 4 directions forment le cadre de notre recherche en se demandant toujours comment obtenir la meilleure organisation qui facilite ainsi la coordination et les échanges de moyens. Comment offrir davantage de possibilités au centre et aussi une image de promotion pour la région? Des solutions diverses sont présentées sous forme de vignettes à la page suivante. Les 4 idées directrices sont les axes de notre démarche et elles représentent en définitive une matrice. Cette matrice nous permet ensuite de présenter dans les pages 3 et 4, un projet cohérent fidèle aux idées de départ.

2) Ensuite, ces différentes solutions nées de la réflexion conjointe sur des idées d'fenvironnement et écologie, d'automobile, d'identite visuelle et composition sont examinées pour être validées sur le lieu du projet. Les meilleures solutions sont proposées à la réalité constructive pour une éxécution précise dans un coût de construction parfaitement maitrisé.

3) En définitive, il est évident que le projet trouve son expression formelle sur le site. L'ensemble cherche à satisfaire aux conditions naturelles, au patrimoine rural, dans un souci constant de respecter et de jouer dans des interactions avec le paysage, le climat et le bocage car la fiabilité du projet doit être vérifié concrètement avec le dénivelé du terrain, les accès principaux ou les aires de stationnement...

Il est difficile d'exposer en quelques lignes les intentions de notre projet mais ces trois points permettent de tracer notre ligne de conduite pour satisfaire les besoins d'un centre de recherche et developpement remarquable par sa taille, son programme et son environnement.
Dans un proche avenir, nous espérons pouvoir développer nos intentions en relation avec les partenaires jusqu'à une réalisation affinée dans les details.

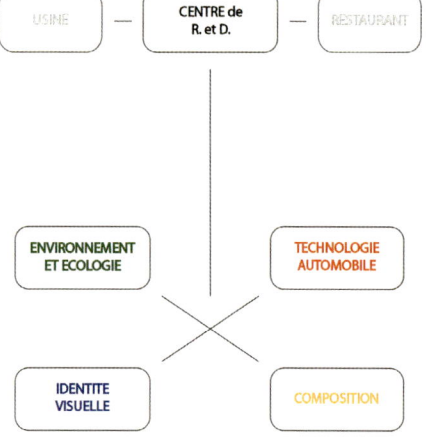

Conception d'un centre technique de recherche et de développement et d'un restaurant interentreprises

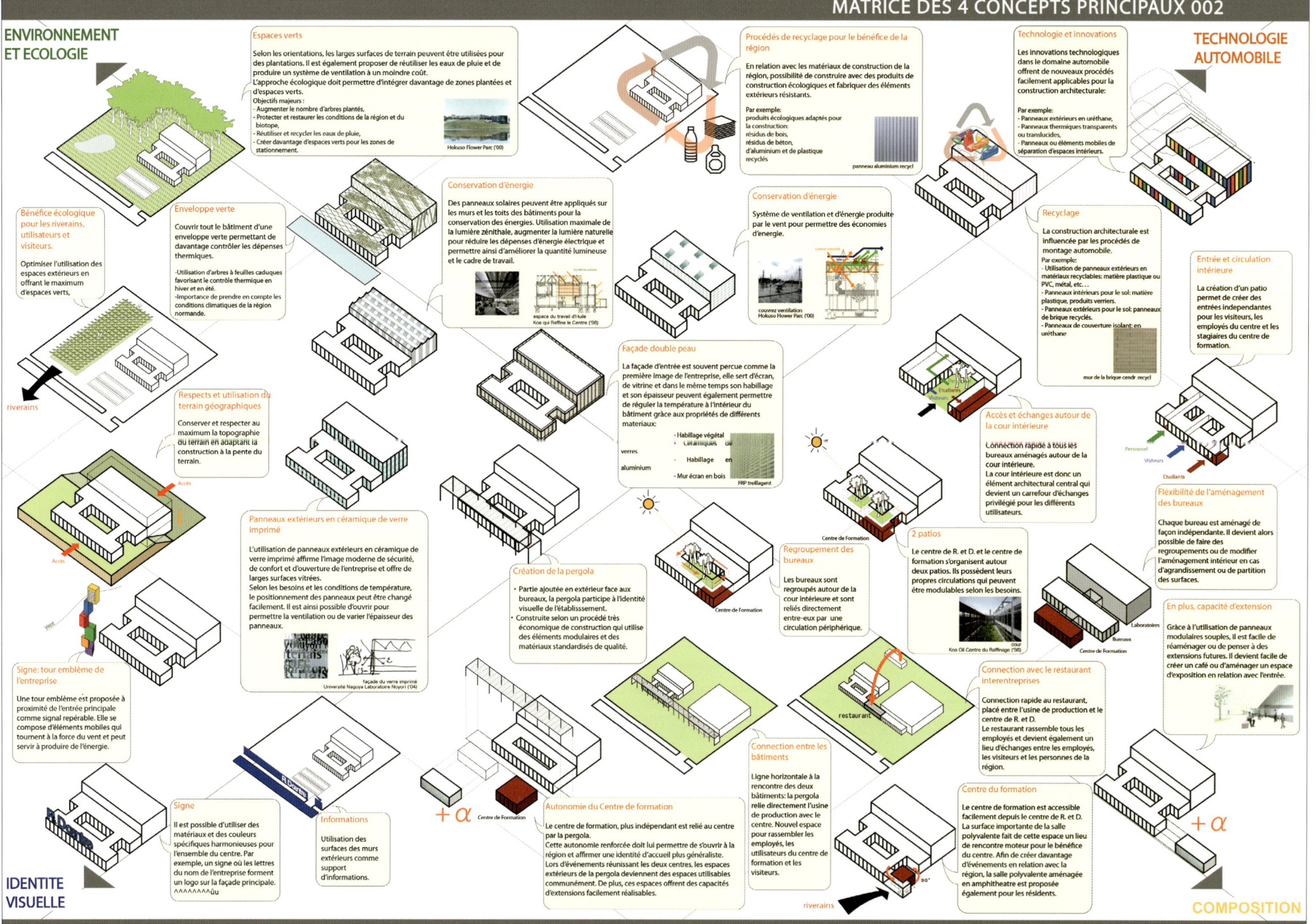

FORME & INTEGRATION DES CONCEPTS 003

ENVIRONNEMENT ET ECOLOGIE

Bâtiments adaptés aux conditions climatiques de Normandie

- **Conditions d'un climat tempéré**
  Une ventilation naturelle offre une bonne circulation d'air pendant les périodes intermédiaires du climat tempéré normand, elle permet des conditions de travail sous une température ambiante et egalement un contrôle plus simple des frais d'exploitation.
  → Une pergola est proposée face aux centre R. et D. et l'usine de production. C'est un espace extérieur, utilisable pour le travail des employés et aussi pour les activités collectives à l'abri des intempéries.
  → La pergola peut être habillée de différents matériaux selon les endroits et les besoins.

- **Abondantes chutes de pluie**
  Bassins et citernes sont installés pour recueillir les eaux de pluie et permettre une redistribution dans différents endroits principalement comme réserve d'eau (par exemple: eau des sprinklers).
  →Utilisation de l'énergie solaire pour nettoyer les eaux afin d'éviter la stagnation des bactéries et conserver des eaux propres.
  →Le bassin est conçu comme un élément du paysage à proximité et en relation avec le centre et l'usine.

Brise-soleils + Bassin
Le bassin est placé le long de la pergola et devient un espace extérieur agréable pour les piétons jusqu'à l'accès au centre.

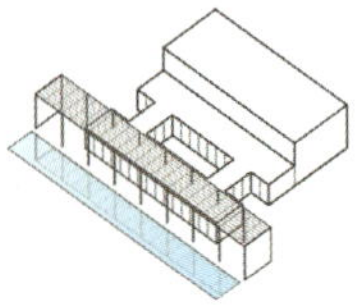

Panneaux métalliques et panneaux en verre
Des panneaux solaires métalliques et en verre forment un auvent protégé de la pluie et du vent pour les circulations extérieures jusqu'à l'entrée du centre.

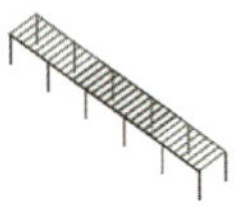

Panneaux solaires
Installation de panneaux solaires sur la pergola, réutilisation de l'énergie solaire pour le bénéfice de l'établissement.

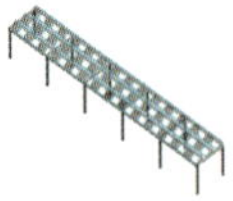

Enveloppe verte
Couvrir tout le bâtiment d'une enveloppe verte permettant de davantage contrôler les dépenses thermiques.

Positionnement des bâtiments pour une optimalisation sur le site
L'usine de production et le centre R. et D. sont placés à proximité le long d'une légère courbe qui suit la topographie du terrain et permet de réduire également l'emprise des bâtiments sur le site.

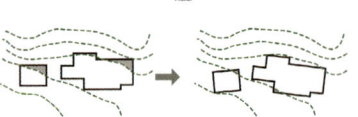

Harmonie et intégration des paysages de prairies

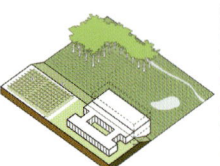

Intégrer les nouveaux bâtiments au maximum dans les paysages verdoyants environnants.
Considérer les qualités remarquables des paysages du Bocage Normand, -les grandes étendues vertes, les champs de pommes ou les lignes de haies- pour s'insérer harmonieusement dans le site.

Représentations en coupes

- **Centre de Recherche et Développement** +202.5
  L'inclinaison du terrain permet d'intégrer le centre sur le site harmonieusement et donne un accès aux ateliers à un niveau plus bas que l'entrée et les bureaux.

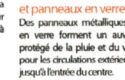 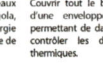

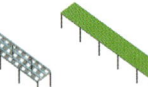

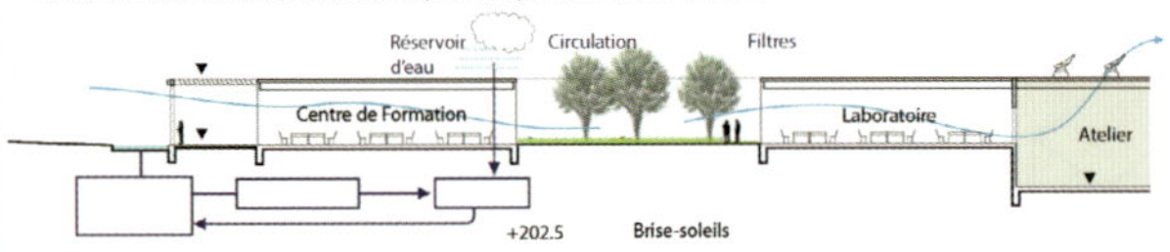

- **Proximité de l'usine de production**
  Les ateliers sont au même niveau que les vestiaires.

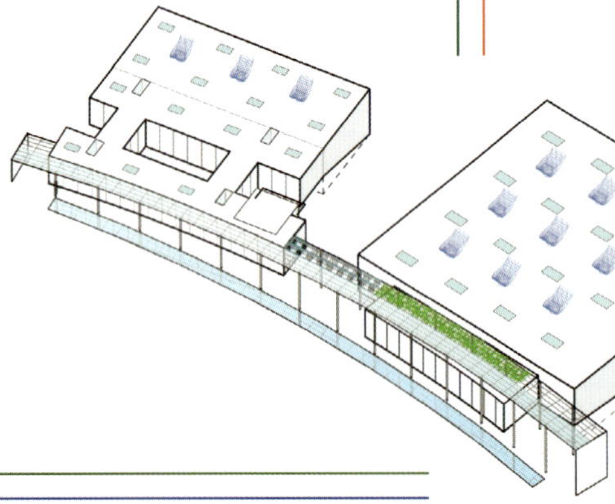

- **La pergola, un arc permettant d'unifier les bâtiments**
  · La pergola sert en quelque sorte de porte d'entrée car c'est l'accès principal sur le site et permet un distribution rapide et clair à chaque bâtiment. De plus, elle forme une composition facile à comprendre pour les personnes qui visitent le site pour la première fois.
  · L'espace entre les deux bâtiments est un espace important et identifiable car c'est le lieu de passage de tous les différents acteurs du site. A proximité des arbres et du plan d'eau et à l'abri des intempéries, la pergola devient un espace priviligié pour rassembler et créer des échanges entre les employés, les utilisateurs du centre de formation, les visiteurs et autres personnes intéressées à se rendre sur le site.

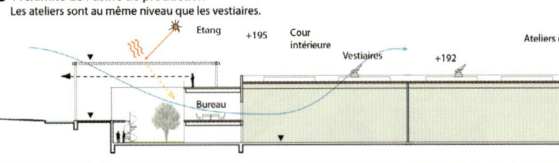

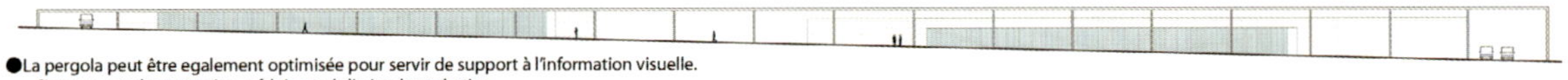

- **La pergola peut être également optimisée pour servir de support à l'information visuelle.**
  · Signature pour les partenaires et fabricants de l'usine de production,
  · Support d'information pour le centre de formation (expositions, événements, séminaires...),
  · Informations et instructions concernant seulement une partie du site.

- **Coopération avec l'usine de production**
  La forme de la pergola permet de réunir les deux bâtiments visuellement et de montrer clairement l'association entre recherche, centre de formation et usine de production. Connection horizontale: la pergola permet de lier le centre R. et D. avec l'usine de production et cette continuité des espaces créée une unité visuelle forte sur l'ensemble du site.

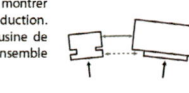 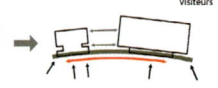  

IDENTITE VISUELLE

TECHNOLOGIE AUTOMOBILE

Ce projet ne constitue pas seulement une pièce supplémentaire du pôle régional d'équipementiers automobiles, il porte les principes de la culture automobile fondée sur des techniques industriels de pointe. Il contient des lieux de recherche, qui exposent leurs compétences au public pour le bénéfice commun de la région et du monde industriel.
Il contient également des lieux de production; ici, il est possible de présenter les produits et les techniques du savoir-faire automobile, ainsi ce projet se propose de composer les espaces intérieurs avec des matériaux semblables à ceux utilisés dans le monde automobile.

1. **matériaux du poste de pilotage**
   →panneaux adaptés, mobilier

2. **cuir artificiel, matériau de synthèse et tissu**
   →design et mobilier, application pour les finitions intérieures de construction

3. **motifs imprimés**
   →application aux finitions architecturales, montage de panneaux de façades

4. **plastiques moulés**
   →mobilier, appliqués aux matériaux de construction

5. **éclairage et phares**
   →éclairage pour un usage architectural, application pour créer des signes

6. **matériaux recyclés**
   →appliquer des matériaux de recyclage pour un usage architectural, comme pour des sols, des panneaux de façade ou autres finitions de constructions

7. **produits verriers, résines synthétiques et techniques d'impression**
   →application pour des fenêtres ou autres ouvertures du bâtiment, possibilité de couleurs et motifs

8. **panneaux d'isolation**
   →application comme matériaux de construction (isolants thermiques et acoustiques)

Composition architecturale évidente grâce à la pergola
La pergola forme une ligne horizontale continue entre les deux bâtiments; c'est une réponse claire et efficace pour relier production et recherche.

- **Système rationnel de construction**
  La pergola qui unit les deux bâtiments est construite selon un procédé très économique de construction, qui utilise des panneaux modulaires et des matériaux standardisés de façon rationnel.

- **Possibilité d'extension**
  La pergola est une zone d'extension rapidement exploitable par le centre et de l'usine de production. Diverses utilités peuvent être facilement ajoutées comme pour le centre et l'usine.

  par exemple:
  · Création d'un étage au dessus de la pergola,
  · Café pour les employés et les visiteurs,
  · Galerie d'exposition pour présenter les activités de recherche et les nouveaux produits,
  · Espace multifonctionnelle mis à la disposition de la région,
  · Locaux pédagogiques pour le centre de formation,
  · Bureaux et surfaces supplémentaires.

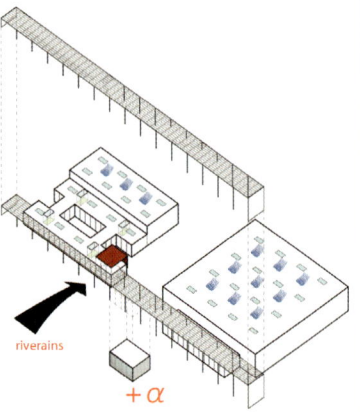

riverains

+α

Cour intérieure
Grâce à l'aménagement des bureaux en Hub, les bureaux s'organisent autour d'une cour intérieure et bénéficient de la lumière naturelle et de confort thermique et acoustique. Les panneaux modulaires composent une façade harmonieuse le long de la cour et le système de modules permet de rajouter des locaux aisément selon les besoins d'extension.

COMPOSITION

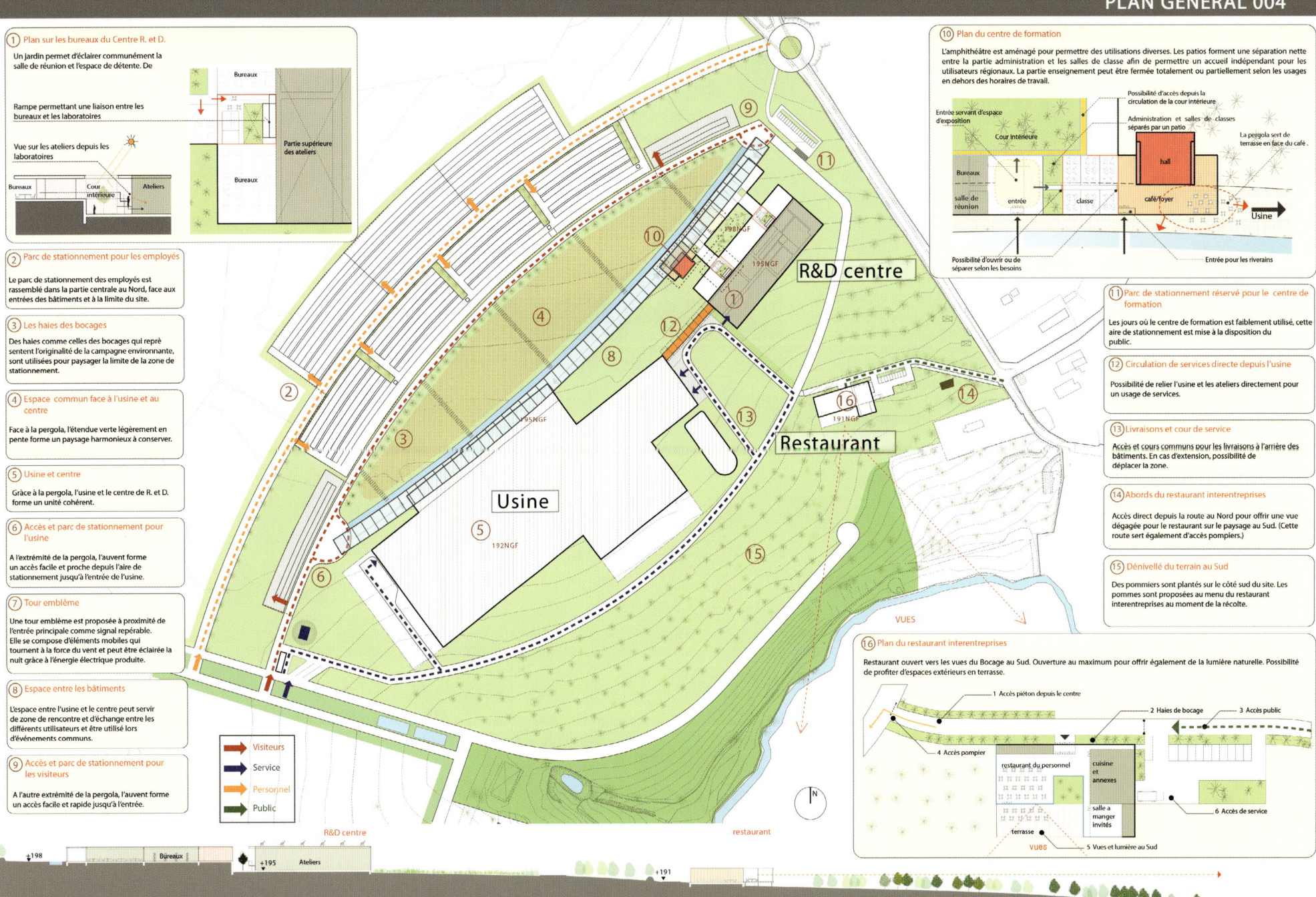

様式6

「(仮称)袋井市地域交流プラザ」建築設計プロポーザル　技術提案書

1 市民の誰もがいつでも気軽に集える広場のような施設をめざします

2 田園風景の中にゆったりと拡がる、床に段差のない、高齢者や子供たちが入りやすい平屋の建築とします

3 全体を覆う1枚の屋根の下に様々な活動が展開されます
　a. 地域交流活動
　　　子ども交流広場／地域子育て支援センター／和室／調理室／ものづくり工房
　b. 大小会議室
　c. 多目的ホール
　d. 事務・トイレ等サービス

の4つの機能をそれぞれまとめて、隣接する浅羽支所や保健センターや方位を考慮しながら配置し、それらを交流ホールを兼ねたロビー、ラウンジが結ぶ構成を提案します。屋根はそれぞれの機能に必要な天井高が異なるため、折れ曲がりながら変化し、平面的な田園風景の中に特徴のあるシルエットを作り出します。

4 環境に配慮し経済性にもすぐれた計画を実現します
　省エネルギーとランドスケープを兼ねて豊富な水を利用したいと考えます。
　雨水を利用し池を作り、その水を屋根上に送り、散水します。変化する勾配を利用して水を流し、最も低い位置からまた池に戻します。池の水は、循環させ、バクテリアによる滅菌を行います。屋根への送水は太陽光発電でまかないます。このシステムは既に他の施設でも実践しており、夏期の打ち水効果による冷房負荷の軽減も実証されています。
　建物はバリアフリーに配慮した平屋とし、エレベーターや階段等の移動スペースをなくすことで工事費とランニングコストの低減を図ります

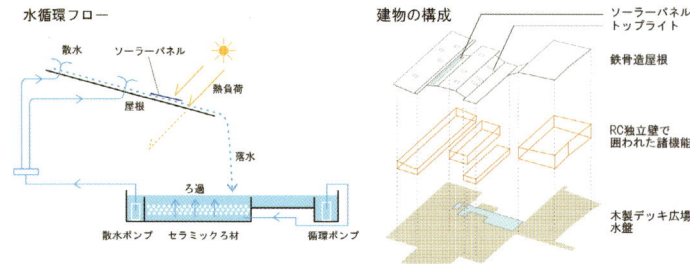

5 周囲の環境と呼応した外構計画をめざします
　保健センターから続く南側は子どもが自由に遊べるふれあいガーデンとして木製デッキで仕上げます。また、このふれあいガーデンは室内の子ども交流広場とつなげ、一体的に使用できるようにしたいと考えます。
　170台の駐車場は敷地西側に集約します。計画道路と、それによって切り取られる三角地は、実施までの間は駐車場、あるいは地域公園として緑化します。また、駐車場には地下型の調整池を設けます。
　現浅羽会館の跡地はエントランス広場として統一した舗装とし、市民のウォーキングや体操など健康づくりの場で活用できる東屋やトイレなどの整備を提案します。

6 設計のプロセスに市民参画を積極的に取り入れます
　市民のための場所を共につくるために、市民との協働を可能とする仕組みを考えます。地域とのネットワーク作りや、市民とのワークショップを通して、設計のプロセスに市民が積極的に参加することを目指します

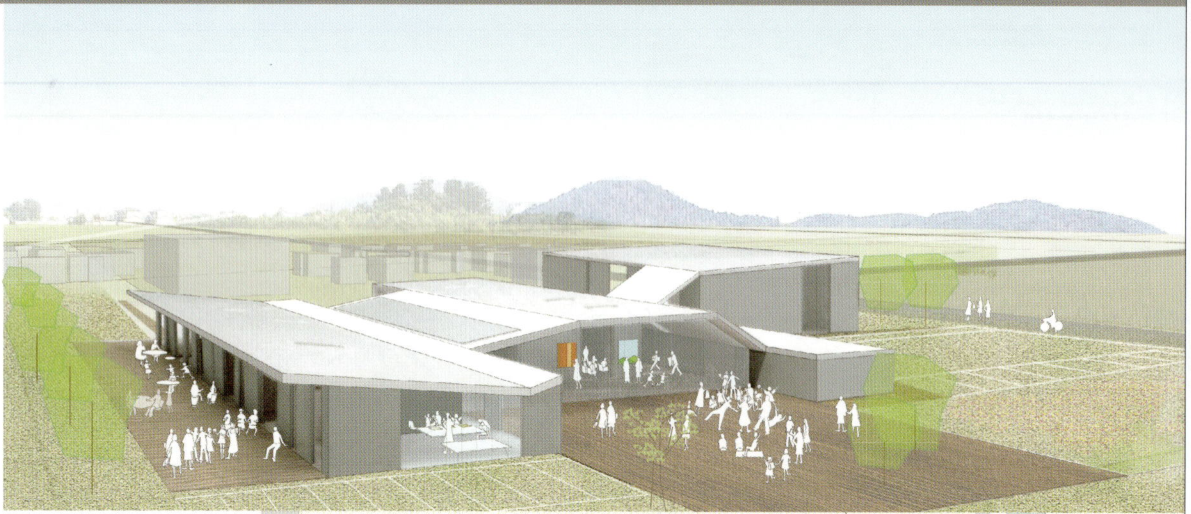

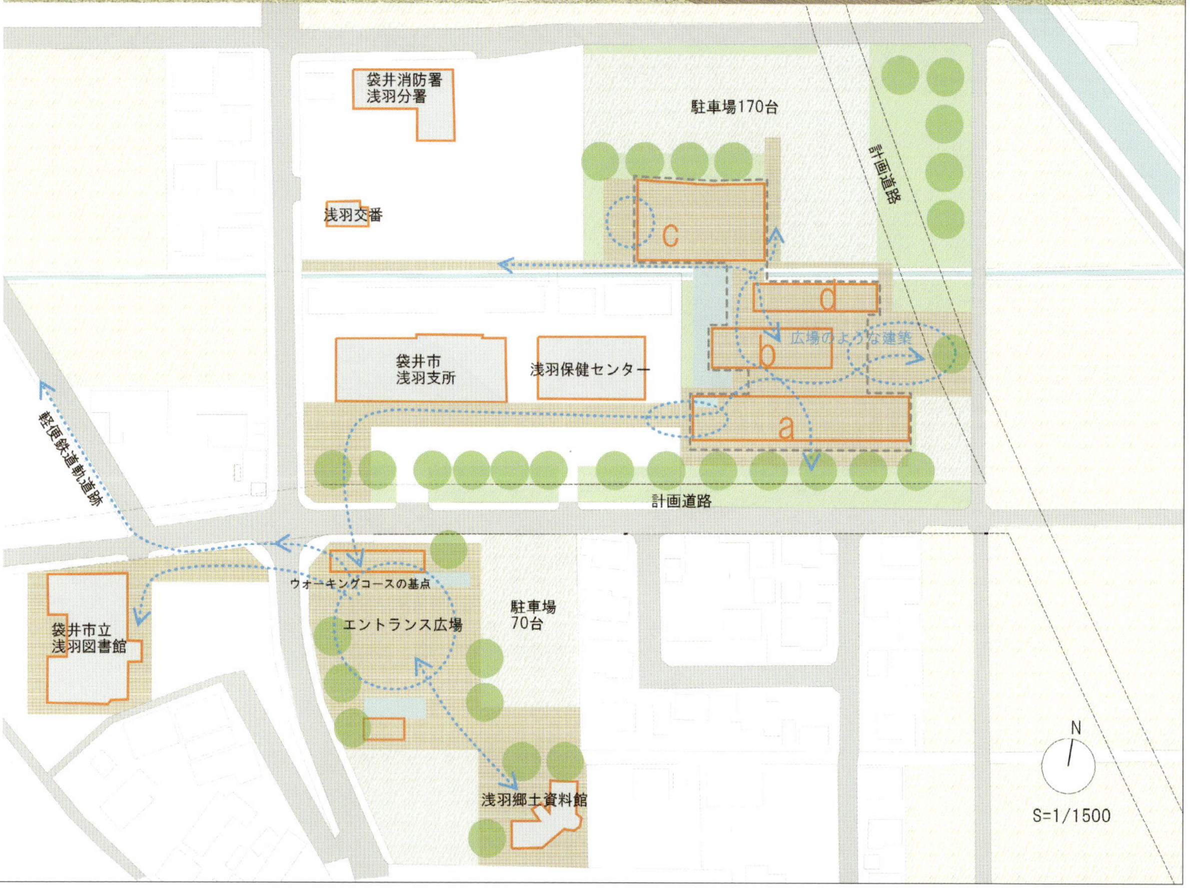

S=1/1500

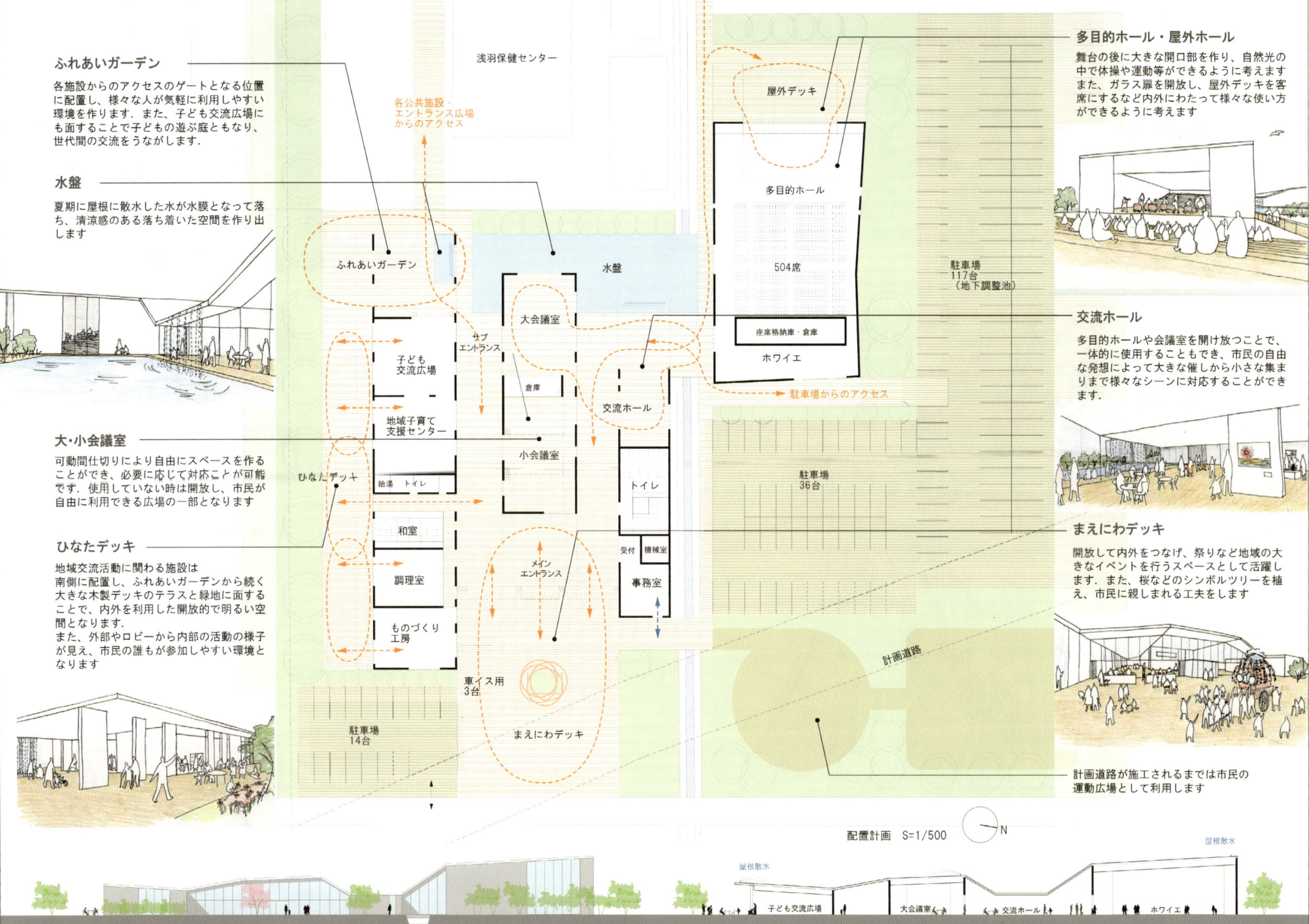

HEAVE SCAPE

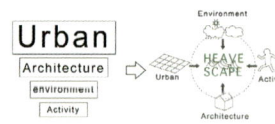

Creation of new urban environment "HEAVE SCAPE"

20th century is an age of development and expansion. However, it is beginning to change at a global scale. That is the globalization of environmental issue, information revolution, economy, and politics. Especially, environmental issue, which has strong influence on urban morphology, is a proposition in order to solve urban problems. Through the eye of environment, as its agenda, Daejeon puts an urban strategy that is open to inside and outside the district. At the same time as the revitalization of an old district, it is the transmission of information toward the world by research town Daejeon. Consequently, we declare to crystallize "Environmental Metropolitan Daejeon", and create an urban model of 21st century.

For Daejeon Urban Renaissance(DJURe), we propose the concept "HEAVE SCAPE", which will develop new type of urban environment. When we explicit the term urban environment, it does not only represent urban scale phenomenon, but also the environment that includes all urban activities. In order to create such extensive environment, it is significant to integrally solve "Urban", "Architecture", "Environment", and "Activity" not long-established method of building architecture on its urban plan. This way of thinking is the new standard of urban design from now onward. This experiment of being a great model of urban design does not only remain in Daejeon Metropolitan City, but spreads to the world.

Vision for Daejeon in the future

Position of daejeon

Daejeon in the world

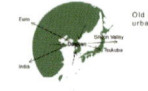

Daejeon, center of Korea

Location of Old urban district

Concept diagram

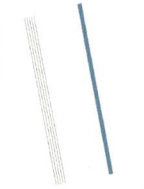

Position of the revitalization of old urban district

Old urban district in which urban functions accumulate

As Daejeon develops from low-rise residential area into a complex city, it connects surrounding urban functions which are currently isolated from each other.

Feature of the site

Inherited unique road network that is contradictory from the grid pattern of the new urban district creates pedestrian passage and green network become distinctive.

 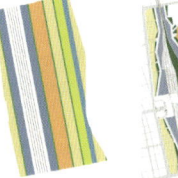

1. railroad and river that runs from north to south 2. establishment of "Linear Green" 3. layout of necessary programs 4. connecting with surrounding streets

Site plan that creates relation with old urban

Approximately 20 percent of the whole site is composed of railroad and river that run through from north to south. By utilizing this north-south flow, allocation of green as a stripe generates a situation where any architecture faces green and river. Subsequently, necessary programs are set on the remaining. At the same time as to create high-density area in front of the train station and becomes icon of the district, the architecture gradually becomes low-rise low-density buildings near the river. In addition, the height of architectures at the edge of the site is determined according to the surround existent buildings. In the end, the location of road network is adjusted to connect the existent district.

Perspective Image   Environment creates form, and the form creates the environment

テジョン駅周辺地区再生設計競技案   International Ideas Competition for Daejeon Urban Renaissance   2007   019

Entire Composition of "HEAVE SCAPE"

The system of linear allocation determines the location of architecture. Laid linear architecture according to the system is called "STRIPE". STRIPEs are exploited with WEB, the existent road network that is incompatible to efficiency logic in urban infrastructure. This combination establishes a basis that aims for a complex city of accumulating urban activities. The public space, "CITY VOID", is maintained at a point where these two systems merge. Therefore, proposing "HEAVE SCAPE" is composed of below systems.

Architecture "STRIPES"
linear architecture that are laid parallel to river and railroad

Network "WEB"
network that extend the existent urban structure both inside and outside the site

Node "CITY VOID"
the node in which ROJI NET and STRIPES merge

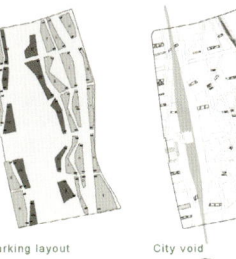

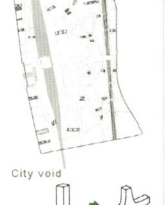

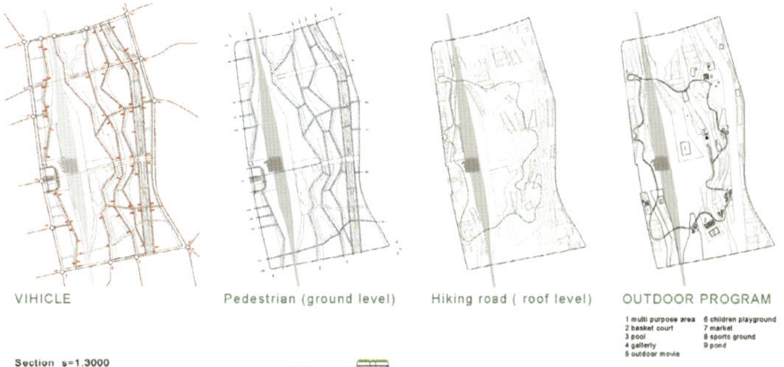

Land use | Landscape | Parking layout | City void

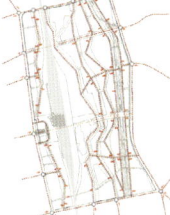

VEHICLE | Pedestrian (ground level) | Hiking road (roof level) | OUTDOOR PROGRAM

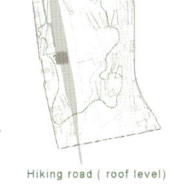

Section s=1:3000

Commercial Business

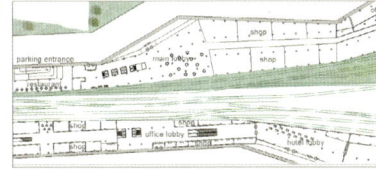

Because it is located in front of the station, commercial and business area certainly becomes the landmark of Daejeon. Cityscape emerged from the high density layout that corresponds to environmental city, encourages an image of new metropolitan. In this area, there are programs that support advanced urban activities, from media facility for most advanced science technology industry and local information industry, to headquarter functions, service apartments, and hotel.

Office area that becomes the icon of the district and linear green in between

Culture

Programs inserted in the culture program of the STRIPE determines a category of metro activities, according to the relationship between the size and shape of site and surrounding programs based on the concept of "STRIPES". It is planned to hold the urban festivity. Complete picture of environmental metropolitan is the concept for metropolitans in the 21st century with the fulfillment in urban activities, not only with the fulfillment of natural environment.

Linear green near the library of culture area

Lot Coverage Area Tabulation

(table of land use, dwelling units, FAR, projected population, lot area, %)

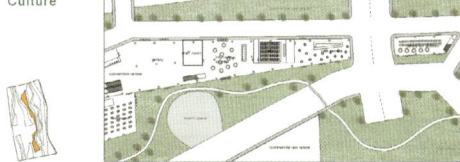

Mixed-use

Mixed-use area, which holds over 50 percent of all the proposing programs, become an important urban device that back up variety of urban activities. In order to insure the vitality of the district and sustainability, there should be variety of architectural sizes that accepts from small to big capitals, while corresponds to environmental city. Therefore, the variety of the sizes provides the variety of urban activities. Integral structure of them insures both efficiency and variety as a complex metropolitan.

Linear green between mixed-used and cultural area

Sustainability to crystallize environmental metropolitan

In the scale of the planning site (4200households 13000inhabitants), it is meaningful to set "architectural shape" that already solves general urban problems, such as light, wind, and noise. In addition, we propose that the architectural shape maintains the urban systems of concluded energy cycle (solar energy, biomass, compost, district heating). Consequently, the skyline that fulfills the requirement for creating fine urban environment assumes universality, and functions as landmark of Daejeon in the future.

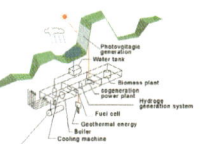
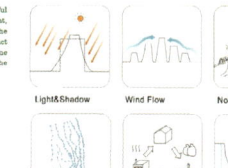

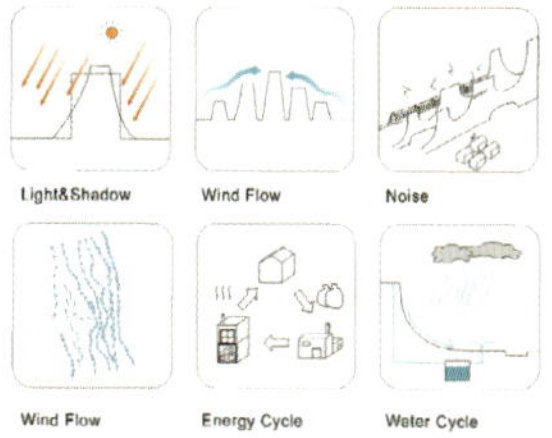

Light&Shadow | Wind Flow | Noise
Wind Flow | Energy Cycle | Water Cycle

Residence & commercial area section s=1:300

Residence

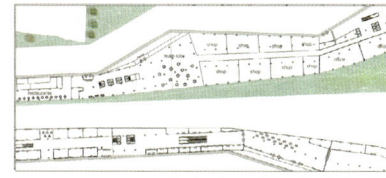
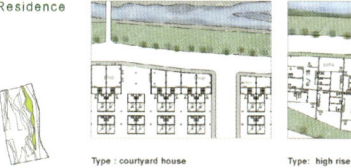

Type: courtyard house   Type: high rise residence

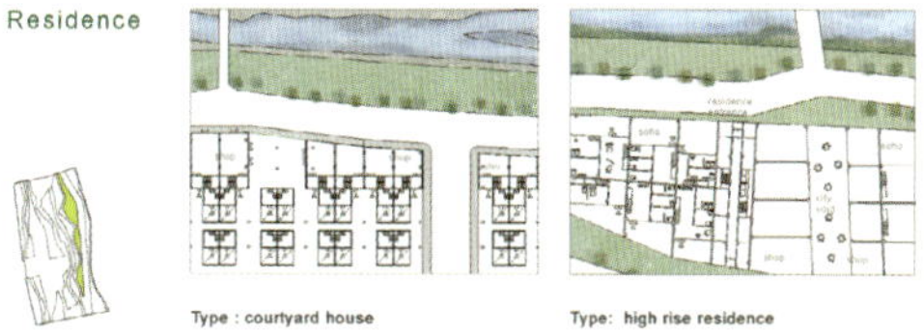

Under the concept "live in the environment", residential area is arranged along the river. It is basically composed of detached houses, which include private gardens. The gardens are environmental devices at a minimal scale, which corresponds to environment such as reuse of rainwater and daily disposal. Furthermore, the area contains housings that have high potential of cultivating good relation within, such as SOHO. It enthusiastically joins to formulate townscape.

Residential area along the river

01 コンセプト

周辺環境に呼応する共生住宅の実現

計画地は、この地域に多く見られる谷戸地形を反映した高低差を持っています。この地形を土地の記憶を継承する大切な資源と捉え、保全・活用しながら周辺環境に連続する住宅地を形成します。また、計画地周辺には「新治の森」や「三保の森」などの自然緑地が広がっており、これらの自然との調和を図るよう緑豊かな環境を生み出します。

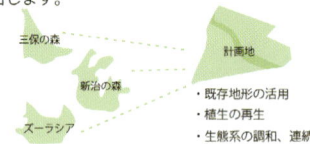

- 既存地形の活用
- 植生の再生
- 生態系の調和、連続

街並みに豊かな表情を与える五角形区画

これまでの住宅地は、正形の区画割りに整然と住戸が並ぶ街並みが一般的でした。本提案では原則として、五角形区画というアクセスや住戸の向きに自由度が生まれる新しい区画割りを行います。無理に造成や整形を行うのではなく、法面のある不整形な敷地に沿った区画割りとすることで各戸の視線や風の抜けを確保し、変化に富んだ新しい街並みを実現します。

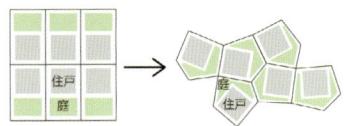

従来の正形区画
- 既存地形を無視した造成や整形
- 統一された住戸配置
- 南北の宅地の日照条件格差

五角形区画
- 既存地形に適応する柔軟さ
- 自由な住戸配置
- 多方向からの日照や通風

コミュニティを育むコモングリーン

敷地を分節している上下2段の4m法面部分を利用しコモングリーン（共用緑地）を整備します。各住戸と連続するようコモングリーンを広げることで、全体が森に包まれたような豊かな住環境を生み出します。

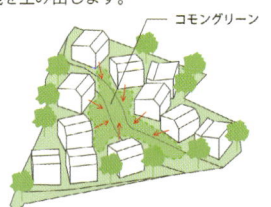

コモングリーン

マスタープラン、景観・設計ガイドライン、実証実験企画提案

限られた土地を正形に造成して区画を切り分けるのではなく、自然地形を生かしながら各領域を緩やかに分節することで、土地や環境を住民同士でシェアすることの出来る共生住宅を生み出します。複雑な土地形状や高低差をこの住宅地の特性としてそのまま生かすことで、緑豊かな森の中に暮らすようないきいきとした生活を育みます。

風と緑にひらくまち

横浜市脱温暖化モデル住宅推進事業マスタープラン設計競技案　Yokohama City Global Warming Residential Master Planning Competition　2010　021

マスタープラン、景観・設計ガイドライン、実証実験企画提案

02 マスタープラン

既存地形を生かした住戸ブロック計画

コモングリーンを中心に、Aエリア（東側4戸）Bエリア（西側4戸）Cエリア（南側3戸）に分節し、五角形の区画割りを行います。現況地形の改変は必要最小限に留め、敷地形状や複雑な高低差など土地の現況をそのまま生かします。

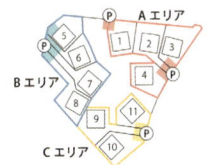
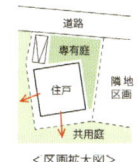

区画に合わせた2つの住戸タイプ

五角形の区画割りに対し、住戸は7.2m角のシンプルな正方形とします。全住戸が快適な住環境を確保できるよう1階リビングタイプに加え、奥まった区画には2階にリビングのあるタイプの住戸を配置します。

1階リビングタイプ（8戸）
区画：1、2、4、6、7、9、10、11

2階リビングタイプ（3戸）
区画：3、5、8

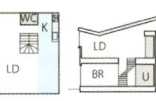

まとまりを生む景観・設計ガイドライン

■ 敷地境界
区画の境界は木杭のみとし、塀やフェンスは無くします。必要に応じて目隠し程度の樹木を配置しながら、敷地全体を緩やかに繋げます。

■ 建物配置
各住戸は風の抜けと日照、視線、プライバシーを確保しながらリビングとコモングリーンが連続する配置とします。

■ 駐車場及び玄関アプローチ
駐車場や敷地延長部分が隣接するアプローチは各エリアの共有敷地としてまとめます。緑化ブロックによる舗装など雨水地下浸透を促します。

■ ランドスケープ
地域の自然植生である広葉樹林の植生を引き継ぎ、常緑樹としてはシイノキ（横浜市の木）、落葉樹としてはコナラやクヌギなど自然樹林を形成していく種を積極的に植栽します。

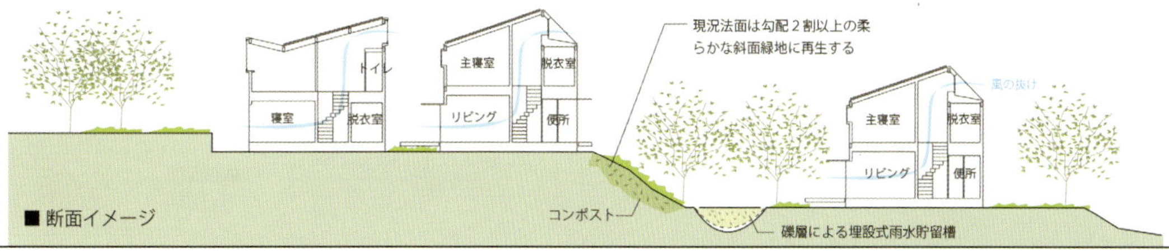

03 実証実験企画提案

ネットによる環境情報システムの構築

インターネットを活用しながら11世帯のエネルギー使用量のリアルタイム測定を行います。また太陽光発電の自家消費分やLED照明設置によるCO2削減分の炭素クレジット化など、環境保全や維持管理を補助する仕組みを整えます。

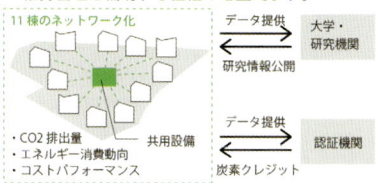

「見える化」による住戸内エコシステム

居住者のPCや携帯電話等の個人端末を使用し、エネルギー使用状況や環境情報の提供を行います。またホームオートメーションとの連携により、エアコン等の遠隔操作を行います。

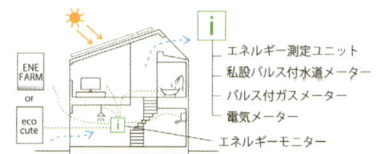

環境情報共有コミュニティの形成

ネットワーク化を生かし入居者にポータルサイトを提供し、ライフスタイル調査やエネルギー使用状況順位などの情報提供など、11棟をコミュニティ化した情報公開を行います。

工事費等
■概算造成工事費
■造成設計費
■植栽管理費（草刈等）
※外灯・ベンチ等共用物の修繕・取替は除く

面積総括表
■各エリア区画面積
A：計705.4㎡ ①155.9㎡ ②186.8㎡ ③197.4㎡ ④165.3㎡
B：計488.7㎡ ⑤152㎡ ⑥147.2㎡ ⑦189.5㎡
C：計733.9㎡ ⑧198㎡ ⑨196.2㎡ ⑩196.2㎡ ⑪143.5㎡
■緑地面積／1,531㎡
■共用部広場面積／524.8㎡

エリア別エネルギー供給方式
■A、C：エコキュート＋太陽光＋太陽熱
■B：エネファーム＋太陽光

04 先行モデルハウス計画

ユニット化したシンプルな住戸形式
平面形状は7.2m角の正方形とし、住戸を規格ユニット化し建設コストを抑えます。また入居者の希望に合わせた開口の位置や間取りに柔軟な対応できるよう、シンプルな基本構成とします。

多様なバリエーションを持つプラン
住戸プランは家族構成や住まい方に合わせた可変性のあるプランとし、平面を田の字型に分割しながら水廻りは上下階同様の平面に一箇所でまとめます。建物外周部に柱や筋交いを設け安全性を高めながら、居室内の余分な柱や構造壁を無くすことで、間仕切りやプラン変更などの自由度を高めます。

01 ベースプランタイプ
2階子供部屋を1室にまとめプレイルームとして利用する

02 4LDKタイプ
子供の成長に合わせ個室を増やす

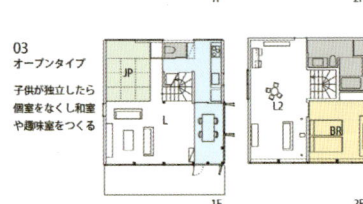

03 オープンタイプ
子供が独立したら個室をなくし和室や趣味室をつくる

コモングリーンとつながる土間テラス
住戸にはリビングに面した土間テラスを設けます。土間テラスはキッチンと連続した仕上げや設えとし、サッシを開放することで庭付きの外部テラスと連続した半屋外スペースとなります。ランチや読書など住み手のライフスタイルに合わせた様々な使い方が可能です。

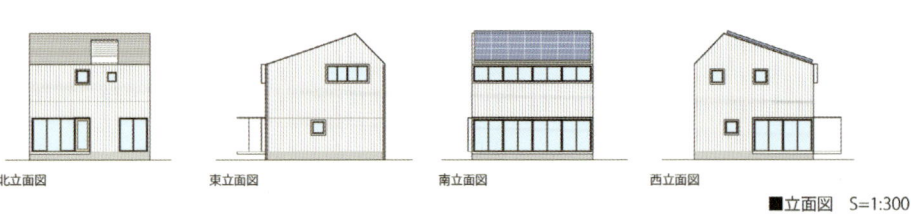

■立面図 S=1:300

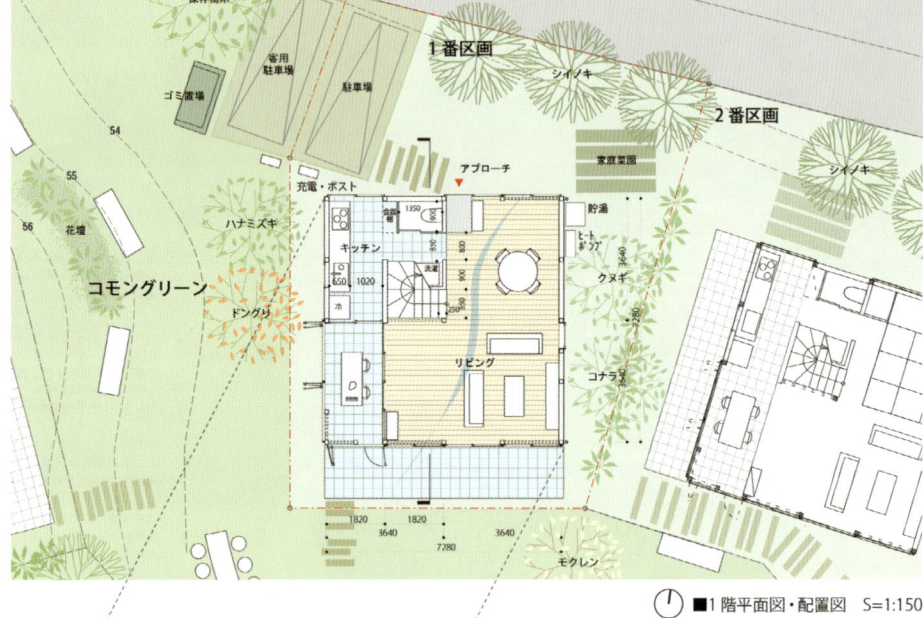

■1階平面図・配置図 S=1:150

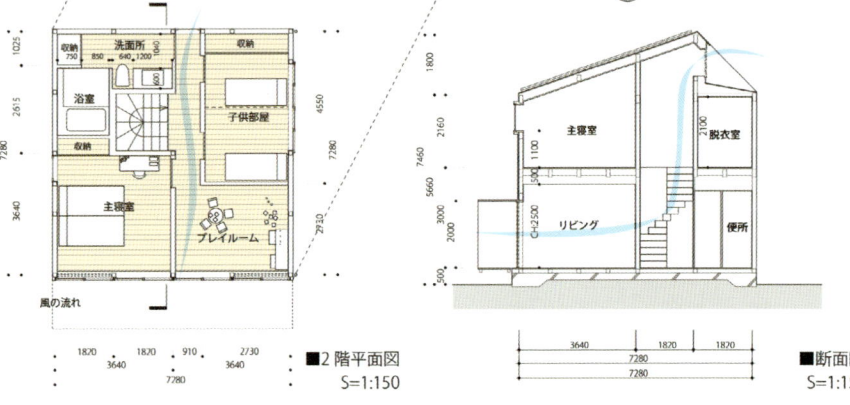

■2階平面図 S=1:150　　■断面図 S=1:150

コモングリーンに面して開かれる土間テラスのイメージ

屋内の土間のイメージ

リビング全景・右手にはキッチンへの回遊動線

2階も住み手に合わせ自由な部屋割が可能

先行モデルハウスの計画書

風と光を呼び込む快適な住空間

本計画では区画形状や隣地住戸との関係性に配慮するため、1階リビングタイプと2階リビングタイプの2つの住戸形式を用意し、プランに合わせた快適な室内環境を作り出します。いずれも階段室や廊下への通風ルート確保し、コモングリーンからの風と光を十分に取り込むことの出来る開放的な設えとします。先行モデルハウスの1番区画では1階リビングタイプを採用します。

■ 1階リビングタイプ（Aエリア内1・2・4番区画）

■ 2階リビングタイプ（Aエリア内3番区画）

CO2削減に配慮したエコメニューの実践

環境へ配慮した様々な仕組みを積極的に取り入れ、次世代の環境共生住宅を実現します。

- 太陽光発電パネル＋太陽熱集積パネル計4kwを南側屋根面に設置
- ヒートポンプ温水器の設置
- テラス上部庇による日射取得量調整
- 季節の風配を考慮した間口設定によるエアコン使用量および年間冷房エネルギーの削減
- 外壁通気層および内壁通気層による室内への輻射熱低減
- 全灯LED照明化や一部センサーSWにより省エネを促進
- 構造や造作材の一部に国産木材を使用

先行モデルハウス（1番区画）計画概要

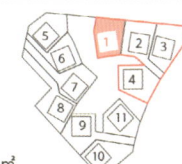

- 指定エリア／Aエリア1番区画
- 敷地面積／155.90㎡
- 建築面積／52.78㎡（建蔽率29.5%　許容60%）
- 延床面積／105.56㎡
  （容積率67.7%　許容150%）
- 最高高さ／7.46m
- 構造および規模／木造在来工法2階建て
- 基礎形状／べた基礎
- 宅盤造成／なし（現況地盤のまま）
- 駐車台数／1台（電気自動車充電器併設）
- エネルギー供給方式／オール電化方式
  （エコキュート＋太陽光＋太陽熱）
- 居室構成／3LDK～4LDK
- 入居想定世帯／夫婦＋子供2人

＜環境性能＞
- CO_2削減量／52%
  （CASBEE 戸建－新築　2010年度版による）
- 長期優良住宅性能基準／
  耐震等級2・省エネルギー対策等級4・劣化対策等級3・維持管理対策等級3を満たす

先行モデルハウス事業費

- 総額／戸　　　　千円（設計＋施工＋外構）
- （内訳）
  - 設計費　　　　千円／戸
  - 施工費　　　　千円／戸
  - 外構費　　　　千円／戸

仕上表

- 屋根／スレート葺き
- 外壁／サイディング貼り
- 外部テラス床／タイル貼り
- 外部テラス屋根／FRPグレーチング
- 内部土間床／タイル貼り
- 内部床／フローリング
- 内部壁および壁／ビニールクロス貼り

ー共愛学園前橋国際大学４号館設計プロポーザルー

A. 学園全体の中心をつくる

「キャンパスモール」に直交して、学園全体を横断する「センターモール」を提案します。計画地を交差点に持つ２つの軸により、大学内にとどまらない学園全体の幅広い利用を促します。大きな公園の休憩所のように誰もが気軽に利用できる場所、形態にとどまらず、この施設に集まる機能そのものが学園全体のシンボルとなるように４号館を提案します。

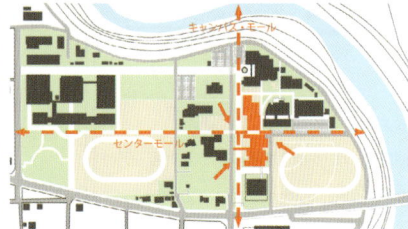

B. 外 . 内部がつながるシンプルで柔軟な構成

「センターモール」をはさみ、「キャンパス・コモン」と４号館を一体的な空間と考えます。すべての機能は「キャンパス・モール」に対してストライプ状に配列され、ずれて様々な奥行きをつくることで様々な広場空間を生み出すと同時に、他領域及び対応する外部を感じられる施設とします。内部は緩やかに分節された各機能が開放度の高い順に連続し、どこに居ても外を感じられる一体で開放的な空間としています。

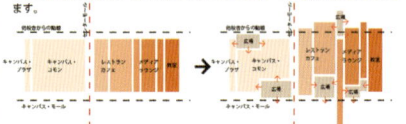

C. 単純な構造形式が生み出す豊かな空間構成

ゾーンごとに異なる断面をそれぞれ軽量かつ剛性の大きな PC 門型構造とします。各ゾーンのユニットがお互いを支えあうことで緩やかに連続する柱の少ない大きな空間を生み出します。

将来の施設変更にも対応するフレキシブルかつ空間と構造が一体となったシンプルな建築を提案します。

構造イメージ

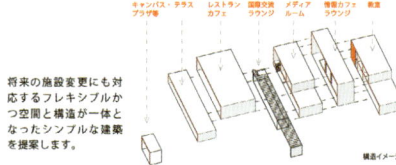

D. 様々な活動が風景をつくる

大学ならではの様々な活動が、この建物では自然と外部に表れてきます。普段の静かで落着いた様子、セレモニーやイベント時の溢れる活気、休みの時に利用する地域の人々。利用する人々によって刻々と変化するその豊かな表情が、キャンパス・モールやキャンパス・コモンと相まって新しい大学の顔を作っていきます。

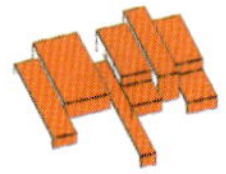

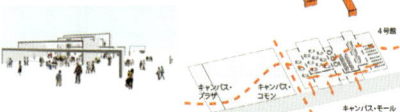

E. 環境への負荷軽減

高さを最低限に抑え、形状を調整することで周囲の広場に長時間日影となる場所を作らない計画とします。一方で屋根面を活用した屋上緑化やアモルファス型太陽光発電を採用し、環境負荷を軽減すると同時に教育素材としても活用します。周辺環境に与える影響を抑えつつ、年間を通じて風通しの良い明るく快適な空間を実現します。

建物構成による対策

- 主構造体を工場製作とすることで、品質の安全、長寿命、工期短縮、安全性を高めます。
- 門型構造をずらすことによって、最適な通風、採光を実現します。
- 高低差の異なる屋根面を雨水利用、屋上緑化、太陽光発電など様々に活用します。

その他対策

①中空杭の地熱利用
②屋上緑化
③雨水再利用
④太陽光発電
⑤床輻射冷暖房
⑥調光・ゾーニング計画
⑦クールチューブ

豊かな自然に囲まれた歴史あるキャンパスの新しい中心施設として、この４号館は学内外を問わず多くの人々が気軽に利用できる場所でなければならないと私たちは考えました。それは室内で完結する象徴的で閉じた空間ではなく、環境に溶け込む親しみ易く開いた空間でなければなりません。私たちはその空間を、低層に抑えた各機能をずらしながら連続させるというシンプルな手法によって実現します

断面図 :1/600

2 階平面図

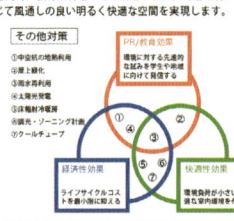

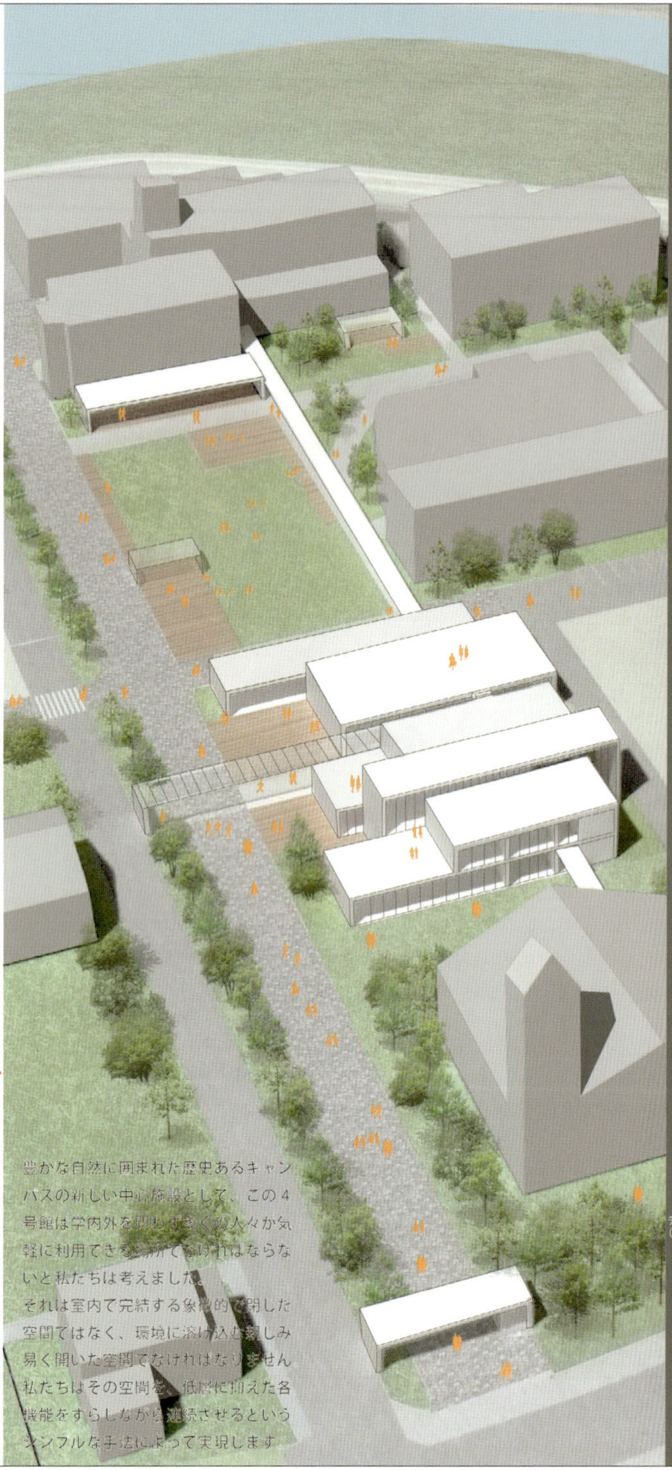

キャンパス・プラザ

室内の機能の延長として利用が可能な広場。キャンパス内に豊かな表情を作り出す。壁面は掲示、サインに活用する。

キャンパス・ステージ

大学の催事はもちろん、誰でも自由に使えるステージ状のテラス。キャンパスの屋外での様々な活動をサポートする。

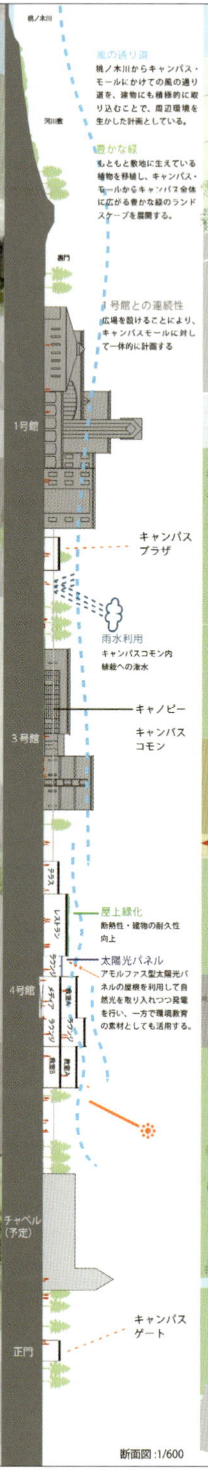

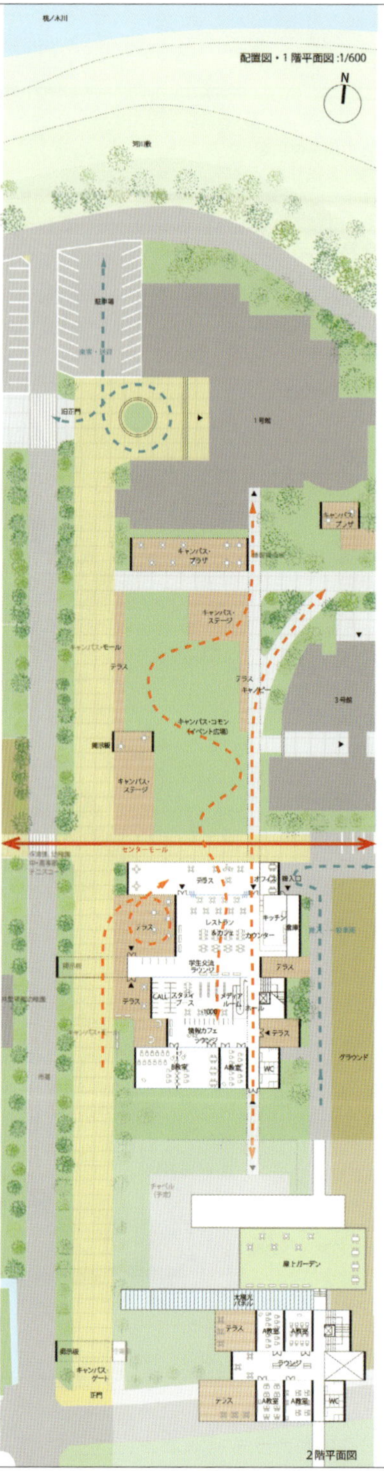

キャンパス・コモン

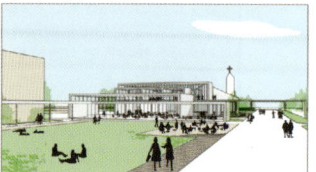

最も大きな屋外広場。日常的な憩いの場であると共に、オープンキャンパスや卒業式等のイベントにも活用される。４号館と活動が連続する。

キャノピー

４号館からキャンパスコモン、１号館へとつながる半屋外空間。雨天時も学生が不自由なく移動でき、活動の幅を広げる。太陽光を利用した照明計画を行い、夜間の防犯にも配慮する。

キャンパス・モール

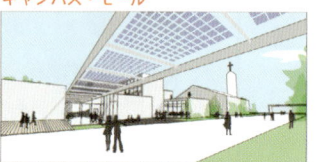

キャンパス内の新しい活動の軸。主たる動線空間であり、様々な活動が溢れ出す賑やかな通り。

センターモール

共愛学園全体の新しい活動の中心軸。それぞれの中心的な機能が集まる。

外とつながる豊かな内部空間

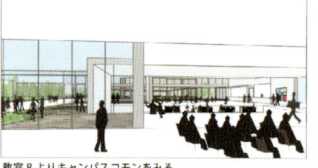

教室 B よりキャンパスコモンをみる
連続する内部空間と、キャンパスモールからの賑わい

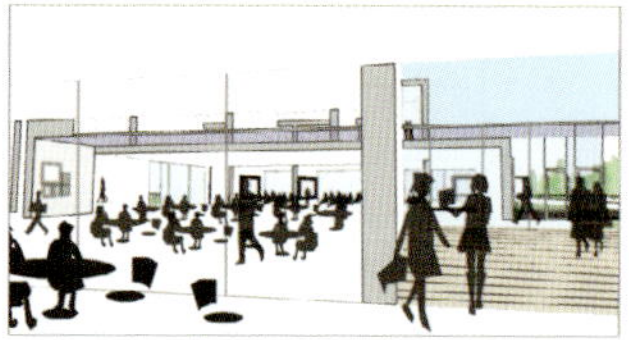

レストランよりメディアセンター、教室をみる

屋上ガーデン

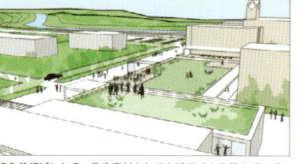

環境負荷軽減に加え、教育素材としても活用できる屋上ガーデン。キャンパス・コモンと視覚的につながる見晴しの良い広場。

キャンパス・ゲート

守衛室を併設した、新しい正門のためのゲート。情報掲示板には各種案内が掲示される。

0060

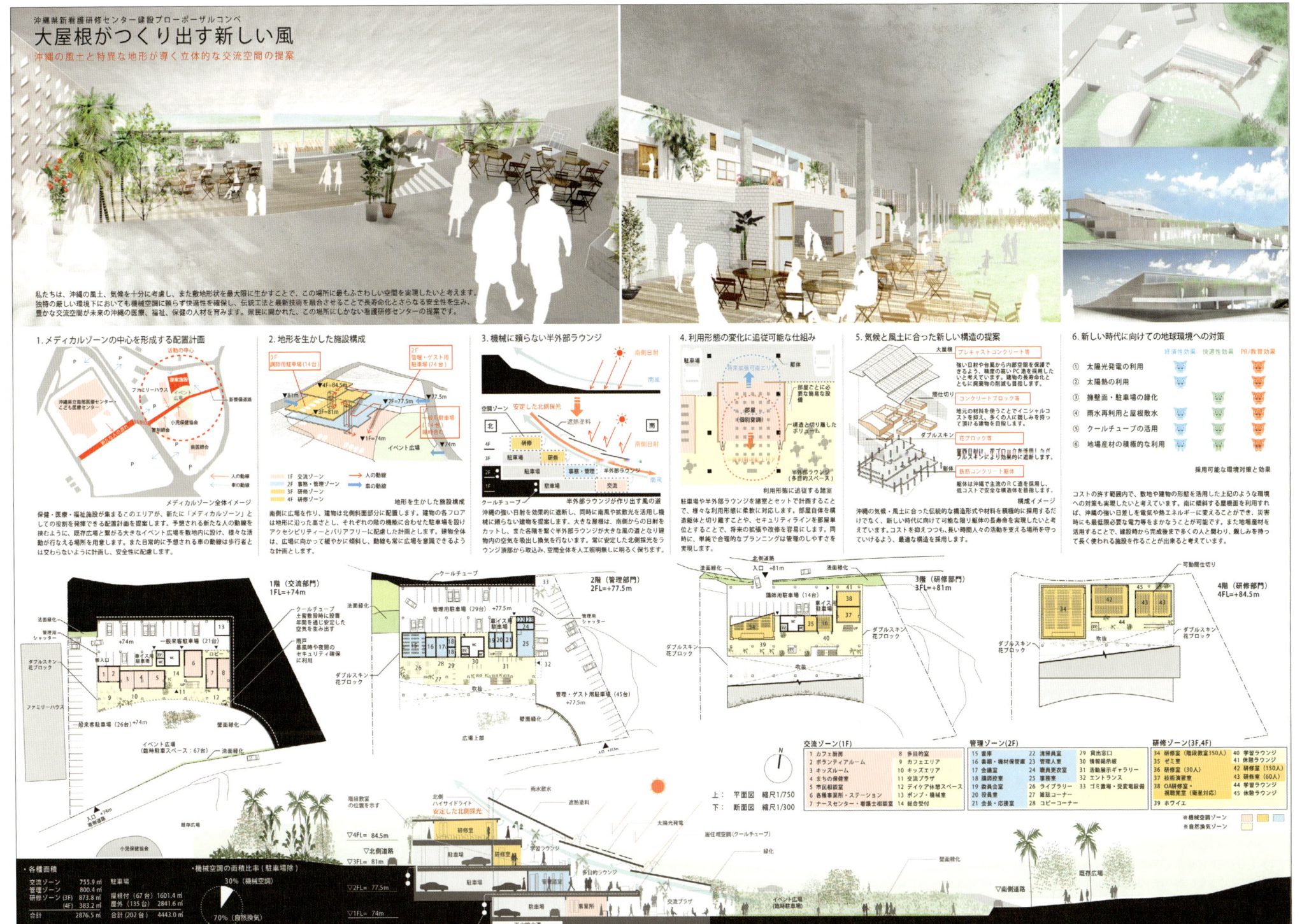

026　遠山保育所設計競技案　　Toyama Nursery School Competition　　2011

提出資料 B-1/3

遠山保育所改築基本設計および実施設計業務プロポーザル

風のひろば／光のいえ

のびのびと遊ぶこども達と潮風が通り抜ける「風のひろば」と、空から降り注ぐ光が溢れるこども達だけの溜まりの空間「光のいえ」が作り出す、新しい保育空間を提案します。また、遠山保育所再生を通して、地域防災コミュニティのモデル施設として十分な機能と、今後の東北復興への先導的役割を果たす木造施設の実現を目指します。

01　七ヶ浜町の復興のシンボルとしての景観やその機能

■ 七ヶ浜町から発信する新しい地域活動拠点のかたち

震災により甚大な被害を受けた七ヶ浜町にとって、遠山保育所という子育ての場を再建することは、復興に向け地域コミュニティの拠点を創出し直すことでもあります。そのため、保育機能の充実はもちろん子育てを介しながら町民が集い、交流し、復興へ向けた活動を行うことの出来る開かれた施設を目指します。また、多賀城市や塩竈市に隣接した立地を生かし、近隣市街地と連携した復興活動拠点として位置付けます。

■ 震災後の中規模木造建築の先導的モデルを作り出す

震災被害による公共施設再建事業のひとつの方向性として、木特有の温かみと親しみやすさを生かしながら、木造による地域拠点再生への取り組みを活性化すべきであると考えます。住宅と大規模施設の中間のスケールである中規模木造建築の今後のベースモデルとなるシンプルな構造計画と施設構成によって、木造による地域拠点再生の起点にしたいと考えます。

■ 被災地復興を先導する汎用性のある施設構成

華美なデザインや複雑な構造ではなく、木造軸組形式、一体的なワンルーム、点在するユニットという明快な施設構成によって遠山保育園の再生を図ります。このような他の被災地でも転用が可能な汎用性のある構成とすることで、津波や地震によって被害を受けた他の保育園や幼稚園のみならず、他の中規模木造施設を建て直す際に、遠山保育所がそのモデルとなることでスムーズな再建を行うことが出来ます。

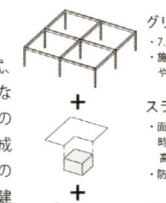

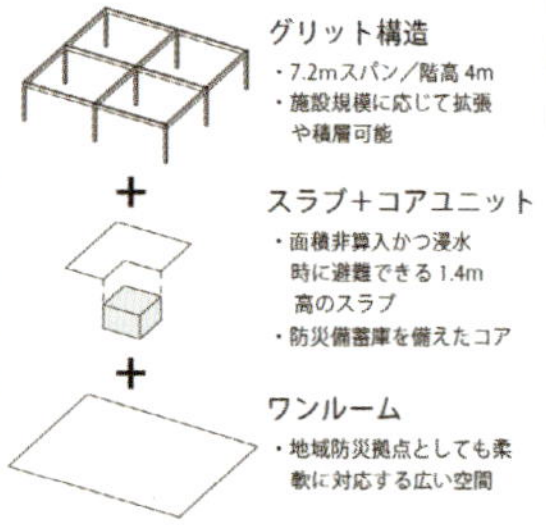

グリット構造
・7.2mスパン／階高 4m
・施設規模に応じて拡張や積層可能

スラブ＋コアユニット
・面積非算入かつ浸水時に避難できる1.4m高のスラブ
・防災備蓄庫を備えたコア

ワンルーム
・地域防災拠点としても柔軟に対応する広い空間

俯瞰イメージ

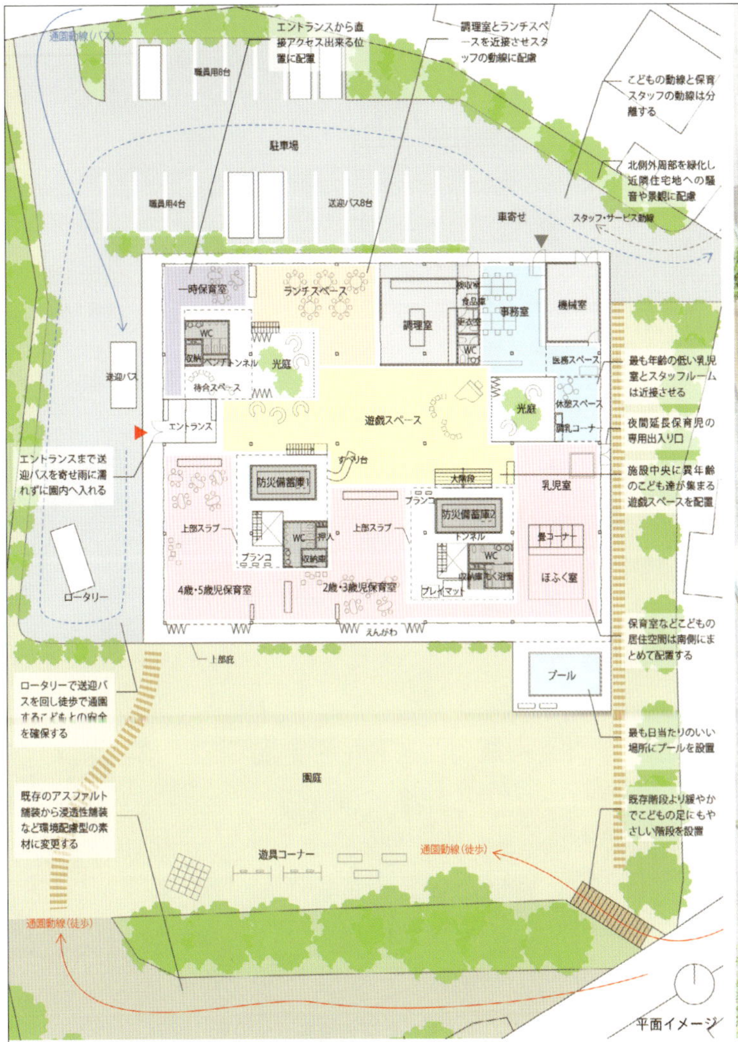

遠山保育所設計競技案　Toyama Nursery School Competition　2011　027

02 土地利用や平面構成の考え方

■ 周辺環境とこどもの安全性に配慮した配置計画

敷地南側のアプローチは徒歩のこどもや保護者専用の動線とし、職員・送迎バスの駐車場は敷地北側に配置することで、通園時のこどもの安全性を確保します。また、駐車場によって北側に隣接する住宅地と距離を取り、周辺環境に配慮します。

配置イメージ

■ のびのびと過ごせるワンルーム空間「風のひろば」

施設構成はこどもの生活空間が一体的につながるワンルームの形式とします。ワンルームとすることで将来的なこどもの増減に合わせて保育スペースを自由に区切ることが出来るとともに、集会や災害時の避難場所など地域活動の用途にも活用できます。

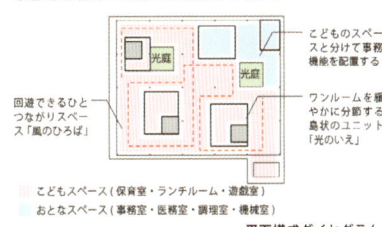

平面構成ダイヤグラム

■ こどもの遊びスペースと防災機能を合わせ持つ「光のいえ」

天井高さ3.5mの開放的なワンルームを緩やかに分節するように、FLから1.4mの高さの面積非算入のスラブとトイレ・収納等のコアを組み合わせたユニット「光のいえ」を配置します。「光のいえ」は塔屋から自然光と風を呼び込み保育所全体の環境装置として機能するとともに、1.4mの高さのスペースはこどもの身体スケールに合った溜まり空間を生み出します。

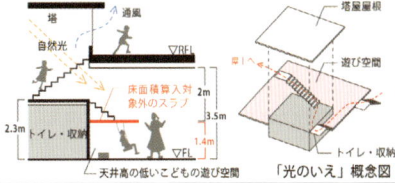

「光のいえ」概念図

また、すべて同じ床高さのワンルームではなく「光のいえ」の一部は床高さを上げることで、ユニットの上や屋上は浸水や災害時の避難場所として利用可能です。スラブ下には防災備蓄庫を組み込み、万が一の際には上部から物資を取り出すことが出来ます。このような防災機能も持たせ、七ヶ浜町以外の被災地でも転用出来る防災・避難施設としての仕組みを整えます。

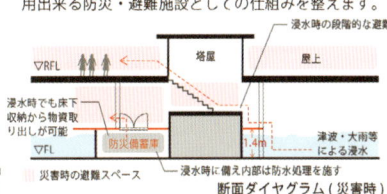

断面ダイヤグラム（災害時）

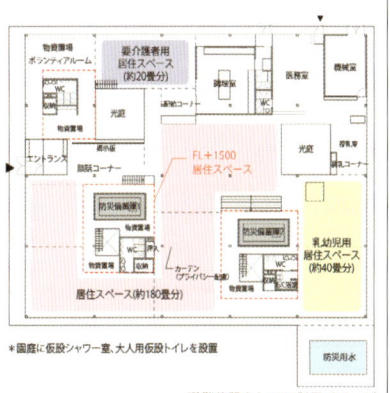

避難施設としての利用イメージ

03 ライフサイクルコストへの配慮

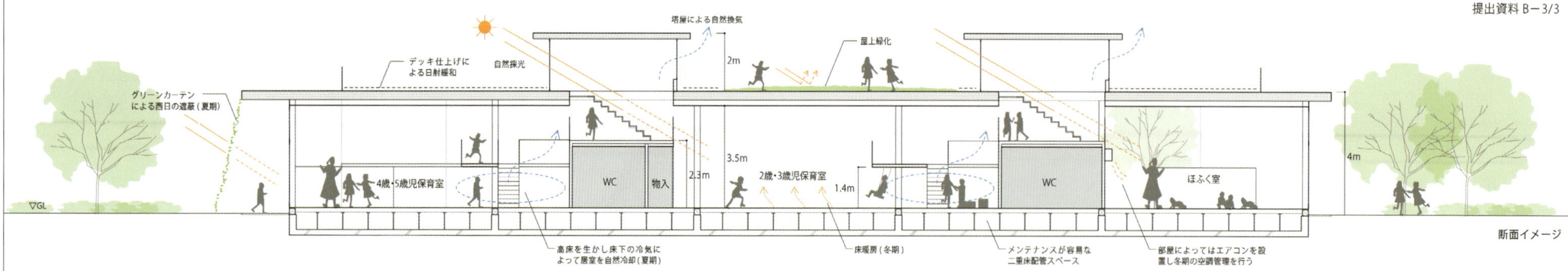

■過剰な設備のいらない施設環境づくり

七ヶ浜町は寒暖の差が少なく、潮風が抜ける穏やかな気候風土に恵まれています。そのため、事務室や一部保育室などの部分的な空調管理をのぞき、基本的にエアコンに頼らない施設環境を生み出します。夏期は床下通風を生かして室内を冷却し、冬は床暖房によってこどもの体をやさしく温めます。冬期の積雪は無理に除雪せず、雪による断熱効果を取り入れるなど、七ヶ浜町の気候に合った居住環境を整えます。

また、スポットクーラーなどの設備機器は保育士や職員でも簡単に調整出来る一般的な仕様とし、施設全体を過剰な設備で覆うのではなく、身近な仕組みで組み立てます。そのほか、夏期の日射を抑えこどもたちの遊び場にもなる屋上緑化、ゴーヤやあさがおによるグリーンカーテンなど、緑や自然エネルギーを利用したやさしい施設環境づくりに取り組みます。

■単純で汎用性のある中規模木造軸組構造

住宅規模の伝統的な木造と、大スパンによる大規模木造のちょうど中間に位置する中規模木造建築の構造として、ひとつのプロトタイプとなるような汎用性のある仕組みを目指したいと考えます。複雑な形状の木組みや専門的な施工技術が必要な構造形式とせず、地場産材によるLVLを使用した7.2mスパンの210角柱および210×300の梁と、挽板を積層させた厚300のクロスラミナパネルによる屋根を組み合わせた、明快な構造を採用します。クロスラミナパネルは内部のコアの壁にも使用し、そのまま仕上げとしても活用することで木の温もりある内部空間を生み出すとともに、建設コストを縮減を図ることが出来ます。また、木造軸組による単純な構造とすることで、施工時の建築廃材を抑え木材を無駄なく利用し、LCC削減を目指します。

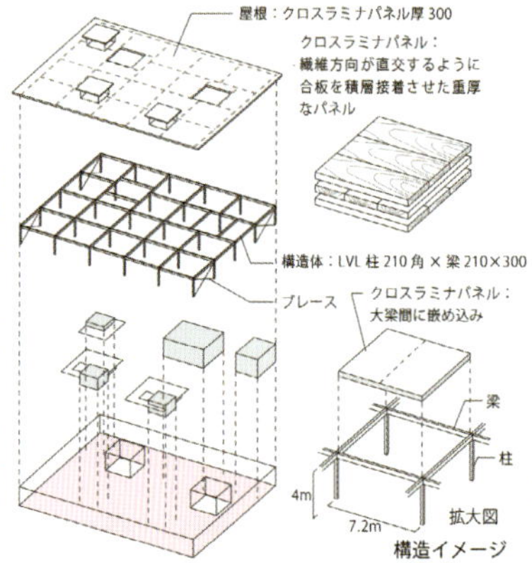

04 「創造的復興」への取り組み

■木造公共建築の復興事業モデルとなる事業スキーム

震災復興事業として今後中規模木造建築を計画していく上で、設計者・構造家・木材メーカー・地元林業・行政などが協同して事業を進めることが大切だと考えます。施設自体も場所を問わず容易に施工出来る単純な構造を採用し、震災でダメージを受けた東北地方の職人や工務店などを含めて被災地での雇用創出を図るなど、トータルでの復興・再生・発展を目指したいと考えます。

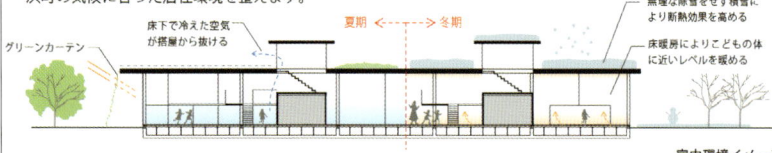

室内環境イメージ

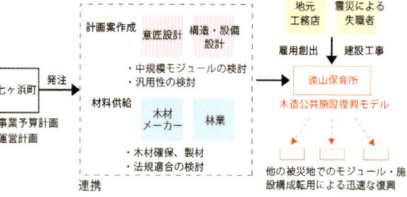

(様式10) 課題に対する提案 技術提案書①

南小国コモンテラス
南小国の気候・風土・産業がつくる新しい木造庁舎の提案

大らかでいて時に厳しくもある南小国の自然環境の中で、訪れる人々を優しく安全に包み込む木質空間を作りたいと考えました。そこでは「木の匂い」「木の美しさ」が感じられる気持ち良い空間が広がっており、それを実現する為の合理的で新しい構造と設備が、これまでにない建築の意匠となり、新たな町のシンボルとなるでしょう。
我々が提案する新しい庁舎建築は、南小国の美しい風景に静かに溶け込み、通り抜ける風や陽射しの変化により季節の移ろいが感じられ、様々な町民活動を柔軟にサポートする建築です。
町にひらき、環境にひらく建築が、これからの新しい庁舎に必要とされる姿であると考えています。

①南小国町新庁舎のあり方

a.周辺環境と将来計画に適した配置計画
新庁舎の配置は、川への眺望や親水空間の形成と、全面道路からのアクセスに配慮し、敷地南西にコンパクトに配置しました。現庁舎位置を避けることで仮設庁舎を設けることなく、また敷地内への将来増築等の計画もスムーズに行なえるようにしています。敷地北側には十分な面積の駐車場を確保し、時には大きなイベントスペースとしても利用でき、様々な状況に対応した明快な動線計画とすることで安全で利用し易い計画としています。

b.利用しやすく、町にひらく施設構成
庁舎機能だけでなく、様々な利用・活用が想定される新庁舎は、「親水空間」「イベントスペース」「多目的ラウンジ」が役所機能を挟み込むストライプ状の空間構成としました。中央には、普段は待合いスペースとして利用する「多目的ラウンジ」を設け、様々な役所機能に連続します。さらに建物の南北には様々な活動に利用できる「親水空間」と「イベントスペース」を設け、役所機能の延長としても、また町の活動の延長としても利用できるようにします。このような構成とすることで、様々な活用が可能な柔軟で利用しやすく、まちにひらかれた新庁舎を実現したいと考えています。

c.様々な利用形態に柔軟に対応できる空間
施設内には、屋根を支える構造体以外の壁は必要最小限とします。また構造補強のための壁も基本的には外部に設けることで、可能な限り広く、制約の少ない内部空間を作ります。そうすることで、将来の間取り変更や部屋同士の一体利用等が容易となります。机や家具の配置も、制約を受けることなく、状況に応じて自由に調整が可能です。また、壁の少ない空間は視界を遮るものも少ないため、施設内全体の通風や開放感を生み出し、快適に利用できる執務空間の実現に繋がります。

d.災害時も安心・安全な避難場所となれる建築
地震や浸水等の災害に備え、新庁舎には構造的、設備的な対策が必要であると考えています。志賀瀬川の氾濫を想定し、床高を地面から50cm高くします。床下はトレンチ状の空間とし日常的には通風を確保することで、床材の防腐・防虫に配慮し、河川氾濫時も建物の浸水を防ぎます。また、従来の木造軸組みに応用を加え、柱に補強壁(フィン)を設け、上部で大梁に接合するだけでなく、床下でも振止め梁にて補強し、建物全体の強度を高めます。さらに万が一に備え、浸水が致命的な部屋は2階に配置し、ライフラインが停止した場合も太陽光や太陽熱、雨水を使って一定期間機能が停止することを防ぐシステムを実現します。

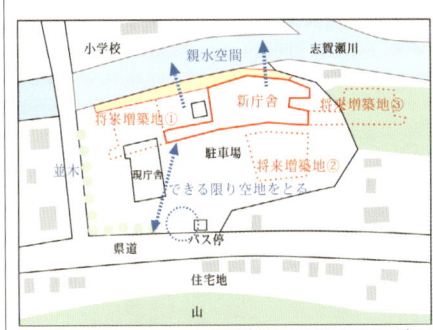
配置計画とつながりのイメージ

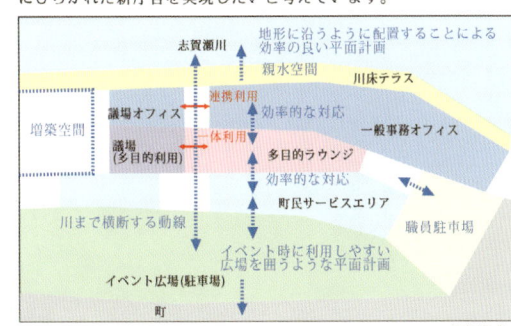
施設構成

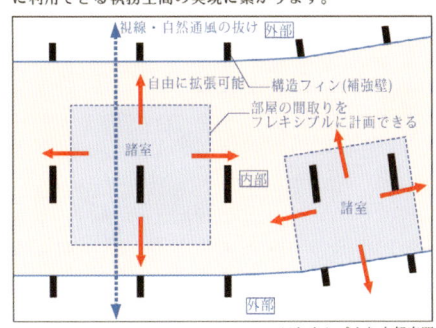
フレキシブルな内部空間

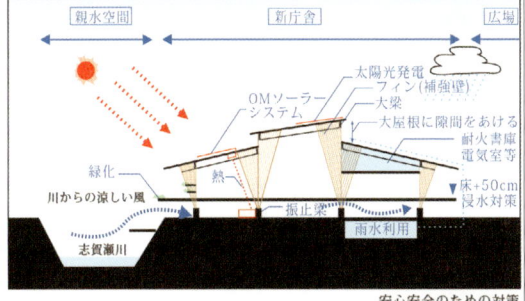
安心安全のための対策

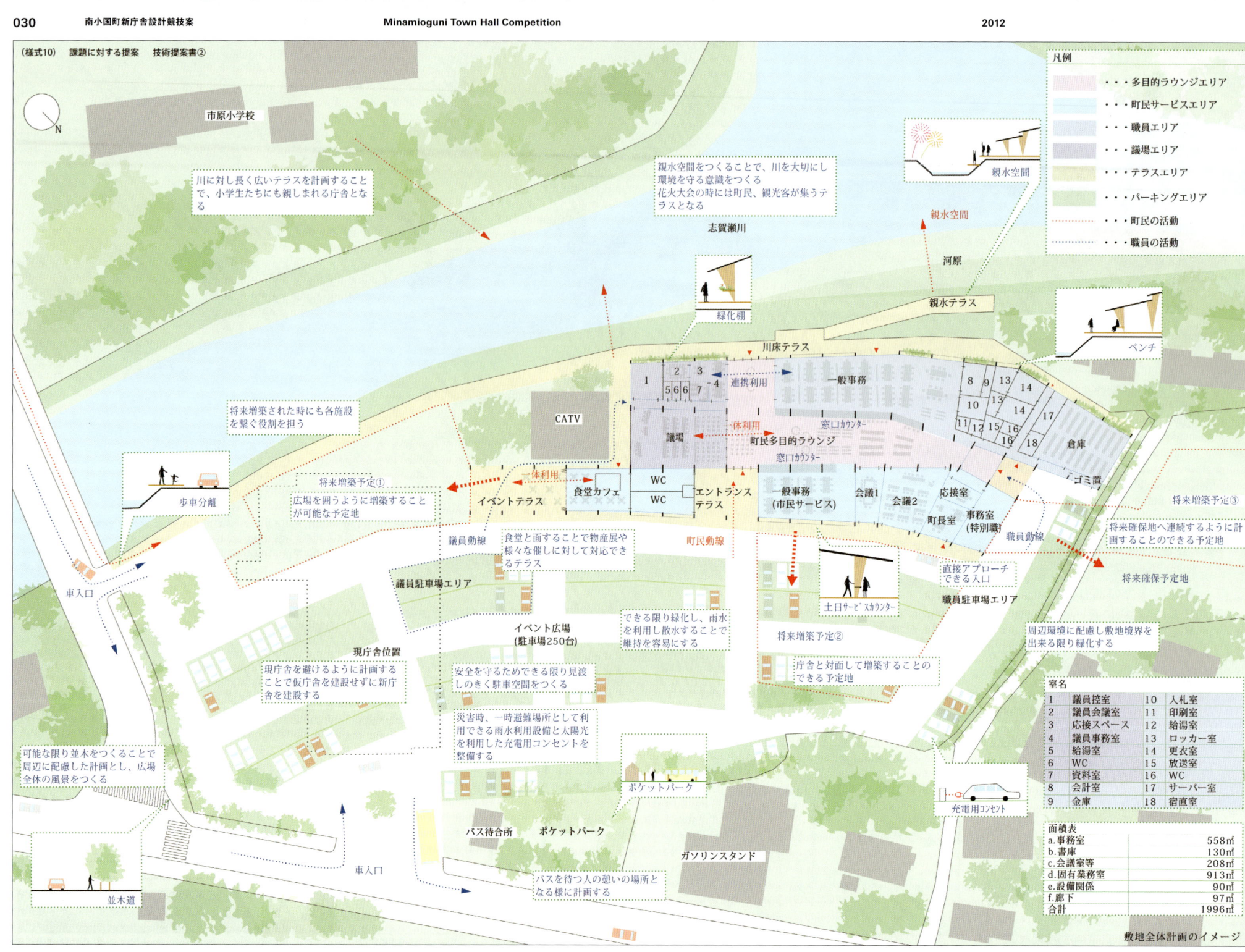

(様式10)　課題に対する提案　技術提案書③

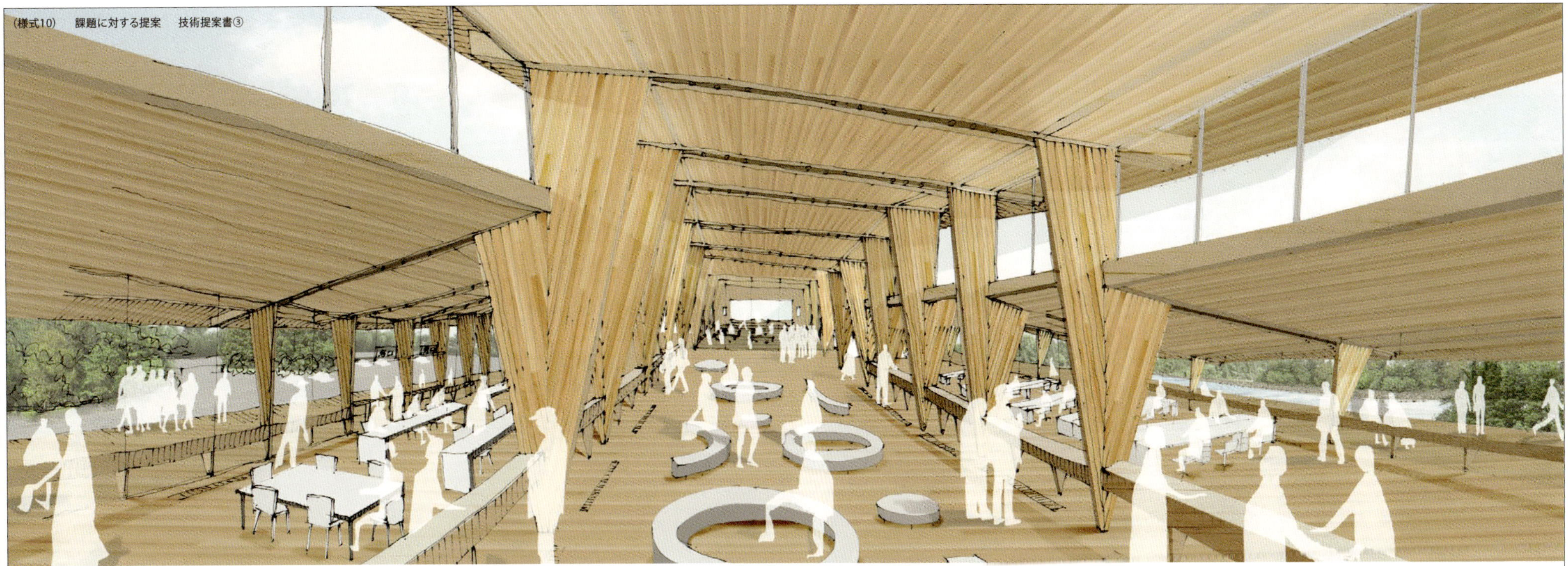

②小国杉の特徴を活かし新しい構造を提案

a.小国杉の特徴を活かす新しい構造

小国杉は独特の艶と粘りに加え、ヤング係数が高く、構造材としての利用に適しています。そこで仕上材だけではなく、構造部材もすべて小国杉を用いることで、南小国を象徴する施設にしたいと考えました。

b.特殊工法を用いず地場産業を活用

小国杉を構造で採用するのに加え、本当の意味での地産地消を目指すべく、地場産業の能力を正確に把握した上で最大限に活用したいと考えています。
地元で加工・製作できない部材、工法は採用しない、従来の軸組みの応用工法とし、大断面集成材や特殊な接合金物を用いない構造形式とすることで、コストダウンと小国杉の汎用的な活用方法を提案します。
南小国が育て、南小国で作られた木材によって、将来のこのまちを育む全く新しい建築を一緒に実現したいと考えています。

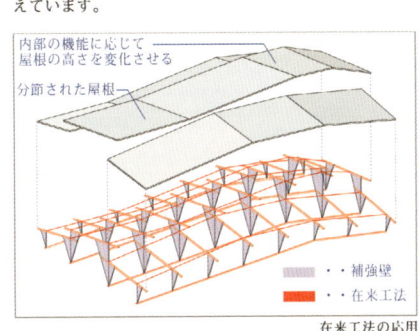

在来工法の応用

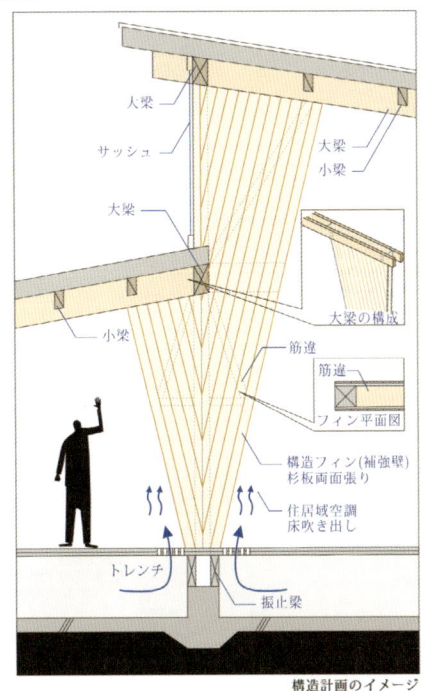

構造計画のイメージ

③環境負荷軽減のためのエコメニュー

新庁舎では、環境負荷を軽減するためのエコメニューを提案します。建物の形状を活かし、日常的な提案から災害時や非常時にも重要なものまで様々あり、予算の許す範囲内で下記のうち1つでも多くのエコメニューを実現したいと考えています。

a.庇と構造壁による日射遮蔽効果
b.勾配屋根を活かしたOMソーラー
c.太陽光発電
d.床下空間を活用したクールチューブ
e.雨水利用
f.LED照明の活用
g.駐車場の緑化
h.木仕上げによる温暖化抑制効果
i.電動自動車の充電スタンド

	快適性効果	経済性効果	PR効果
a. 庇と構造壁による日射遮蔽効果	♨		
b. 勾配屋根を活かしたOMソーラー	♨	♨	♨
c. 太陽光発電		♨	♨
d. 床下空間を活用したクールチューブ	♨	♨	♨
e. 雨水利用		♨	♨
f. LED照明の活用		♨	♨
g. 駐車場の緑化	♨		♨
h. 木仕上げによる温暖化抑制効果	♨	♨	♨
i. 電動自動車の充電スタンド		♨	♨

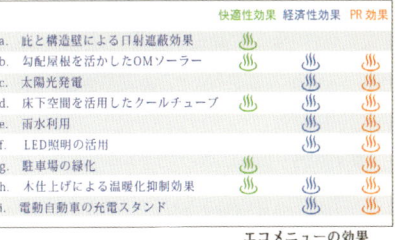

エコメニューの効果

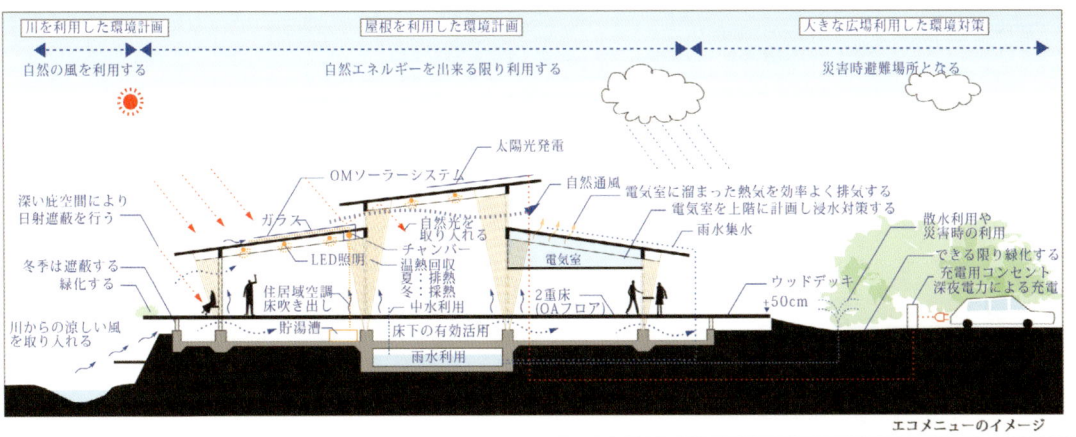

エコメニューのイメージ

様式3 技術提案書1
新富山県立近代美術館(仮称)設計プロポーザル

富山アートマウンドプロジェクト
地元産業を活用し周辺環境と調和する新しい美術館

公園も、美術館も。市民が気軽に立ち寄り芸術と触れ合うことができる開かれた美術館を作りたいと考えました。これまでの景観をそのまま生かし、新しく生まれる美術館も周囲の風景と一体となり、丘の上に浮かぶ輝くカーテンのような外観は遠くからもその姿が見えて、人々の公園での活動と展示空間での回遊が連続する新しい県民芸術拠点となります。

課題1：国内外への発信力と交流の場の創出

■確実に守りながら公園とつながる美術館
収蔵・研究機能を建物の中心に配置し、浸水ラインよりも高いレベルに持ち上げることにより<u>コレクションを確実に守る</u>国際基準に適合する高い信頼性を確保します。ゆるやか起伏をもつ「アートマウンド」は、美術館の中心機能を守りながら、最下階のオープンスペースと公園を立体的に結び、世代を超えた様々な人々の興味を引く活気あふれる新しい場所を目指します。

■地域の産業と連携してつくる美術館
展示空間を包み込む外皮、屋根は、<u>アルミとガラスでつくる環境調整装置</u>であり、方位に応じて角度や大きさを変化させながら、日射遮蔽や眺望の確保を効果的に行うことができる象徴的なファサードとなります。地元で育まれた高い技術を活かした世界に発信できる富山の新しい顔をつくります。

課題2：周辺景観との調和と立地条件の活用

■芸術を生み出す拠点となる美術館
屋内外の様々な場所をつなぐ回遊動線「アートループ」は、ポスタートリエンナーレや導入展示、ひよこツアーなど、様々なイベントができるたまりをつなぎ、見るだけでなく新しい芸術を生み出す場として、県民が美術館を育てる場をつくり出します。

課題3：既存施設の再整備と公園来訪者へのインセンティブ

■既存公園施設を継承し利便性を高める仕組み
残土を一切出さないアートマウンドとし、<u>見晴らしの丘を発展的に継承</u>します。駐車場には人工地盤の屋根を掛け、冬季や雨天の日でも使うことが難しかった環水公園に、いつでも快適に利用できる環境をつくります。オープンスペースは閉館時や夜間の利用も想定し、美術館利用者だけではなく、すべての人に開かれた文化拠点をつくります。

■アクティビティをつなぐランドスケープ
アートマウンドにより、<u>周辺環境とより密接な一体感をもつ環水公園のランドスケープ</u>をつくります。将来的には西地区と旧舟だまり周辺をつなぐ歩道橋の整備も考慮するなど、長期的な視点に立ち計画地内の園路を計画します。

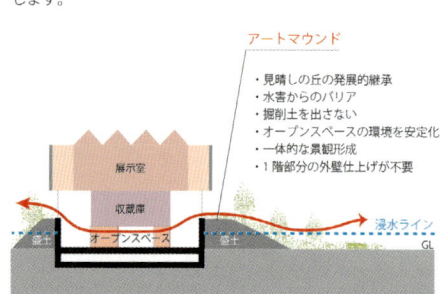

断面構成のイメージ

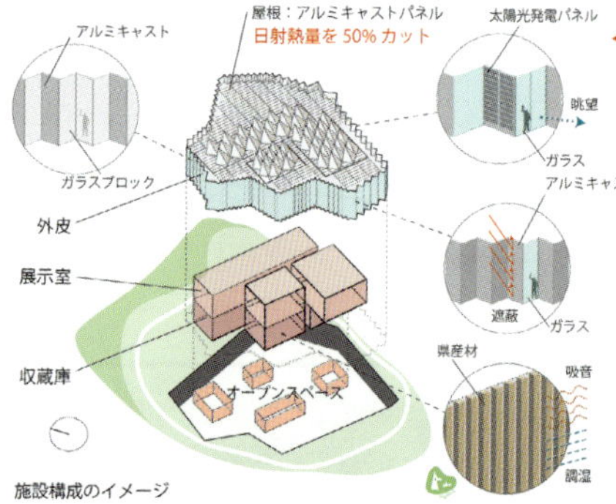

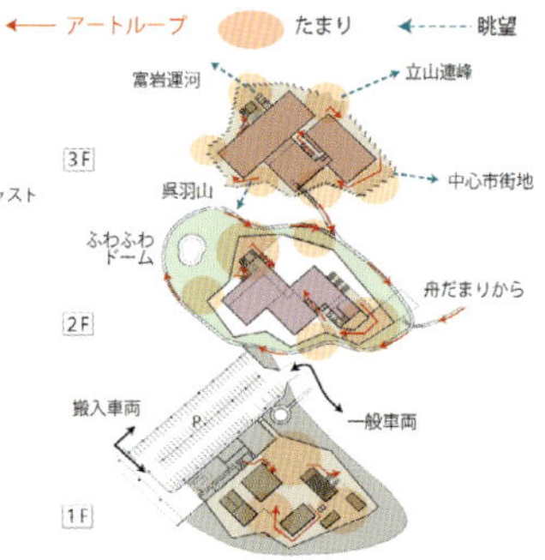

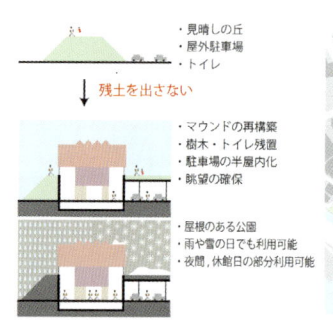

周辺の動線を整理し、公園全体のつながりを重視する

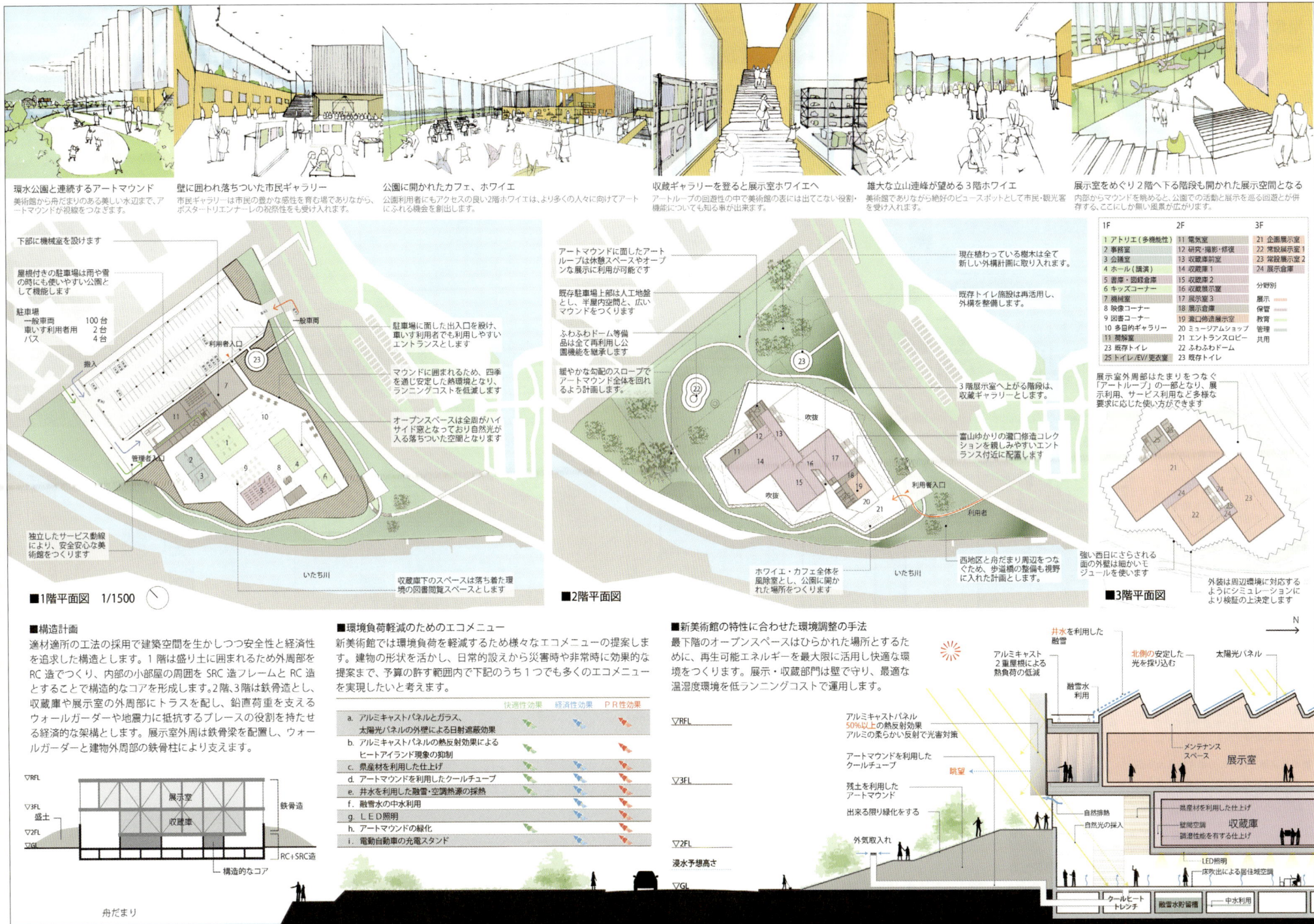

京都学ラウンジ
京都を凝縮し未来へつなぐ開かれた資料館の提案
京都府新総合資料館（仮称）公募型設計競技

■ 歴史と条坊制を参照する
京都の都市構造を参照しながら、路地とまちの関係性を取り入れることによって、歴史性、空間性を発想する建物を目指します。公的建築物における大屋根の象徴性と下に広がるまち的空間を創出します。

■ 周辺環境を接続する
周辺環境と密接に繋がるよう各機能諸室を慎重に配置し、すべての面から人々が立ち寄れる建物とします。北山文化環境ゾーン、府立大学の玄関口として、新たな文化拠点をつくり出します。

■ 光が錯綜する迷路的学術空間
大屋根下の開放的な空間に京都学・府立大学・資料館における利用度の高い諸室を設け、相互機能の一体的な利用を促します。地震の影響が少ない地下に収蔵庫を設け重要な資産を守ります。

■ 環境装置としての分節された大屋根
大屋根は採光、換気、通風等自然環境を取り入れる装置として機能します。鉄骨フレームにより構成された軽快な一体的架構は経済的かつ効率的に計画され、開放的な空間を創出します。

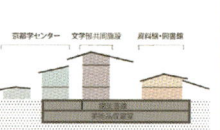

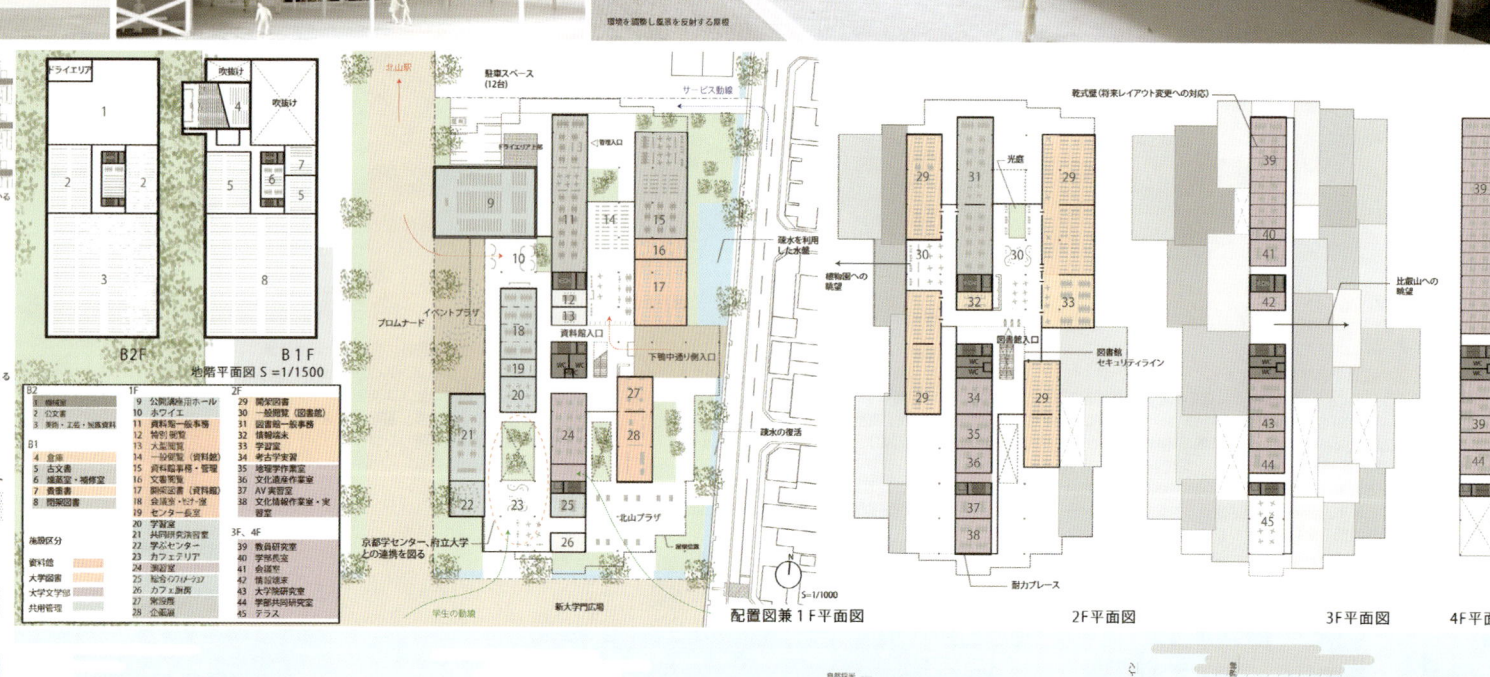
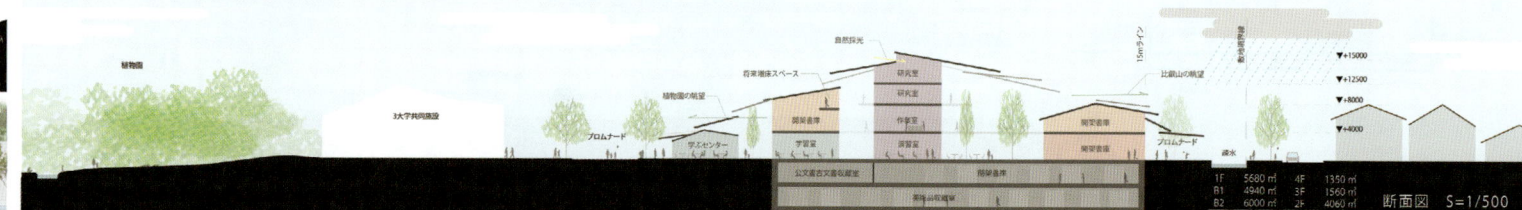

京都府立新総合資料館設計競技案 2 次案　　Kyoto Prefectural Library and Archives Competition, The Second Stage　　2011　　035

京都府新総合資料館 (仮称) 設計競技
「京都学ラウンジ」
京都を凝縮し未来へつなぐ開かれた学術空間の提案

京都の膨大な歴史の記録を収蔵し、研究するだけでなく、世界中から訪れる人々がその情報に触れ、学び、未来に伝えていく場所。
平安京として開かれて以来、常に政治・文化の中心であり続け、特異な気候風土の中で歴史ある街が育んできたシステムや風景を壊さずにその歴史に新たに参加する建築であること。
大規模建築の象徴としての大屋根は新しい姿に生まれ変わります。その下に広がる人々と京都学が出会う新たな場を、私たちは「京都学ラウンジ」と名付けました。

配置イメージ図

3つの基本理念

「守る」　国宝を含む貴重な収蔵品を永続的かつ確実に「守る」ための設備・構造が重要となります。日常の維持管理を容易にし、災害時にも安全に対処できるように他の機能とは隔離した構成とし、万が一の場合でも重要な収蔵品には全く影響が及ばない計画とします。

「学ぶ」　資料館・図書館の複合によって大学としての新しい魅力が生まれます。大規模な複合施設の中で研究や演習が行われる諸室は、採光・換気・室内音響・動線など「学ぶ」ための環境として独立性を確保し、快適で落ち着いた学習空間を実現します。

「開く」　各施設が複合して作りあげる、京都学という非常に文化的で濃密な資料、研究、情報をこれからの新しい時代に向けて積極的に「開く」ことで、京都の独自性を世界へ発信することの出来る施設を目指します。

歴史的空間構造　京都の都市構造に接続する

条坊制に基づき1200年にわたって継承されてきた伝統的な都市構造を参照することで、京都の空間性を織り込みながら「資料館」「府立大学」「京都学センター」という3つの機能を融合します。南北方向に主要機能を持った施設を平行配置し、それぞれを横断する動線で結ぶことによって相互の一体利用を促すと同時に周辺とのつながりを生み、様々な方向からアプローチできる回遊性、奥行きの感じられる路地性、情報が凝縮した迷路的学術空間を提案します。

京都の都市構造に接続する学術空間のイメージ

新しい大屋根　未来へ向かう環境と風景をつくる

京都は屋根の街であるといえます。町中に存在する寺院や町家の屋根は京都の素晴らしい風景の一部を担っています。寺社などの大規模建築は大きな屋根をその公共性の象徴としてきましたが、この計画では内部の機能や周辺の街のスケールに合わせて大屋根を分節することにより、歴史を継承しながらも全く新たなシンボル性をつくり出します。「京都学ラウンジ」という魅力的な場所を多く生み出す大屋根により、京都の新しい公共空間の姿を実現したいと考えています。

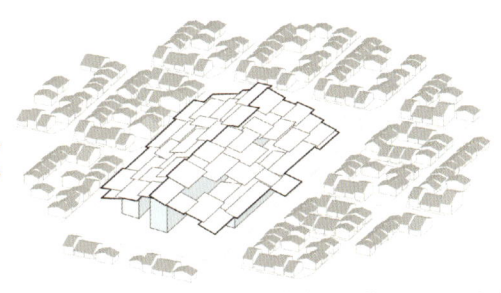
大屋根がつくる新しい風景のイメージ

1

036　京都府立新総合資料館設計競技案 2次案　　Kyoto Prefectural Library and Archives Competition, The Second Stage　　2011

1. 施設全体構成

周辺環境に接続する平面構成

歴史的な町割りを敷地内に取り込むことで周辺と緩やかにつながる連続的な環境をつくり出し、様々な方向からアプローチできる回遊動線が4つのエリアを結びつけます。全体に掛けられた大屋根の下では外、内、半外部の様々な場所が生まれ、様々な活動が敷地周辺に広がっていきます。

地下化された収蔵庫と開かれた地上階の組合せ

全ての収蔵庫を集約して地下化し、地上部分と切り離すことで維持管理の合理化と災害時の安全確保を確実にします。ハザードマップを反映し地盤全体を50cm上げ、収蔵庫を完全防水することで浸水対策を万全にし、周囲に巡らせたドライエリアにより湿気を遮断します。一方で上部構造の負担を軽減することができ、地上部の計画の自由度を高めます。

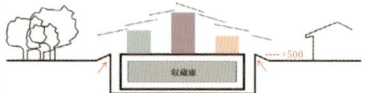

大学機能を中心に3部門を統合する

府立大学機能を中心として、資料館、京都学センターを立体的に再編・融合します。各部門の独立性、維持管理、防犯性に配慮してそれぞれを南北に長いボリュームとし、隙間を取りながらプロムナードに平行配置します。隙間の部分が開放的な交流や閲覧のための空間となり、部門間の緩衝空間ともなります。文学部ゾーンのうち資料館と関係の強い「作業室／実習室」は2階に配置し、「研究室／演習室」は3、4階に積層して独立性を高め、縦動線で「図書資料関係ゾーン」と結ぶ機能的で効率的な空間構成を提案します。

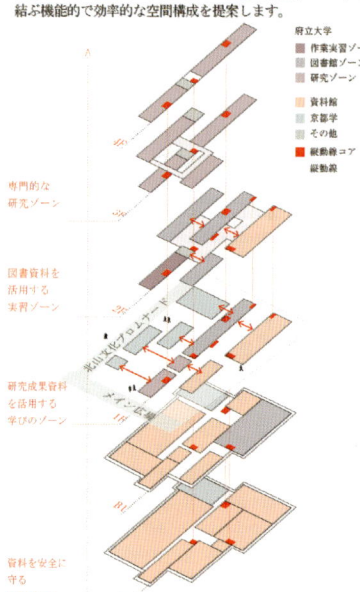

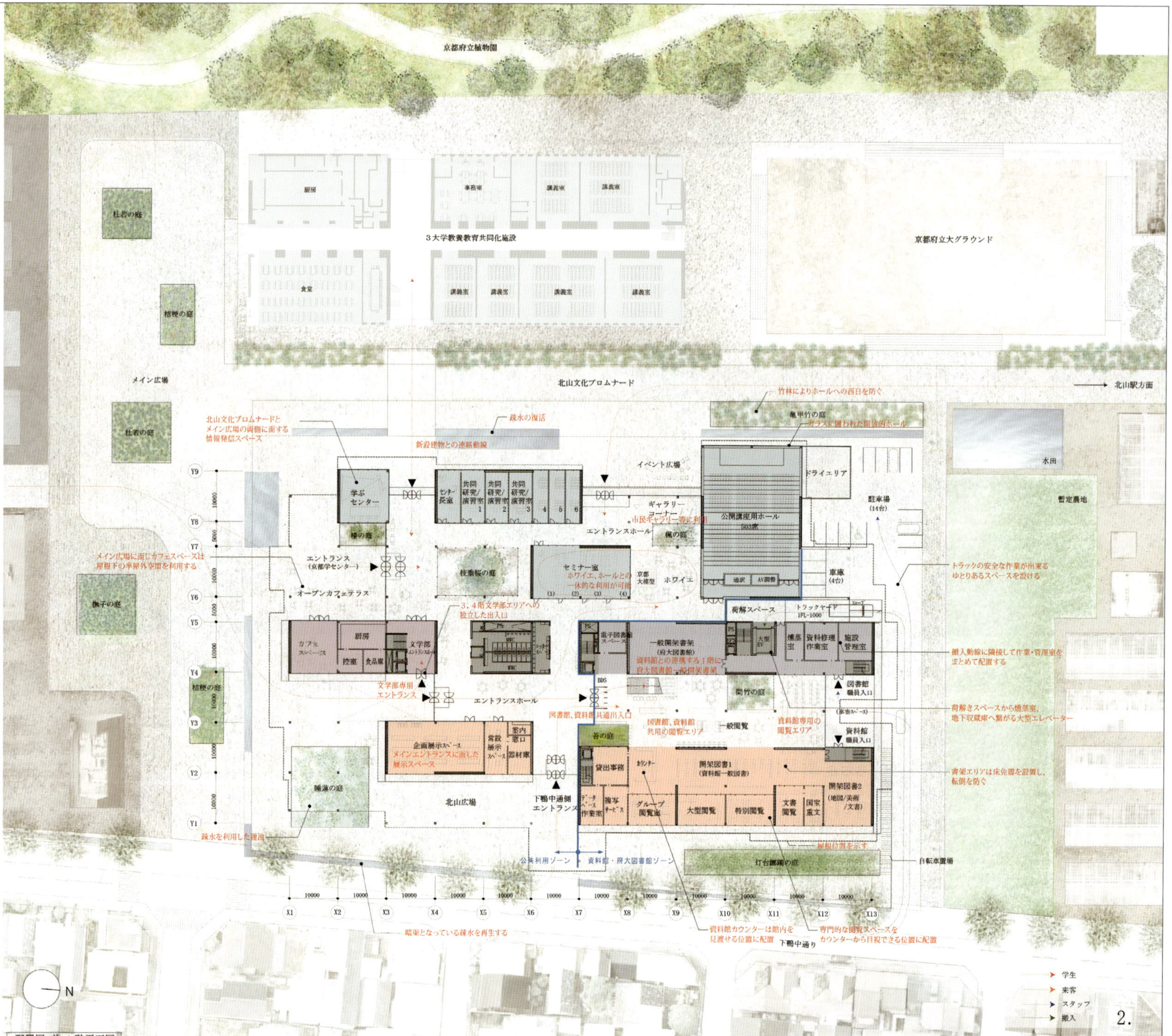

2.

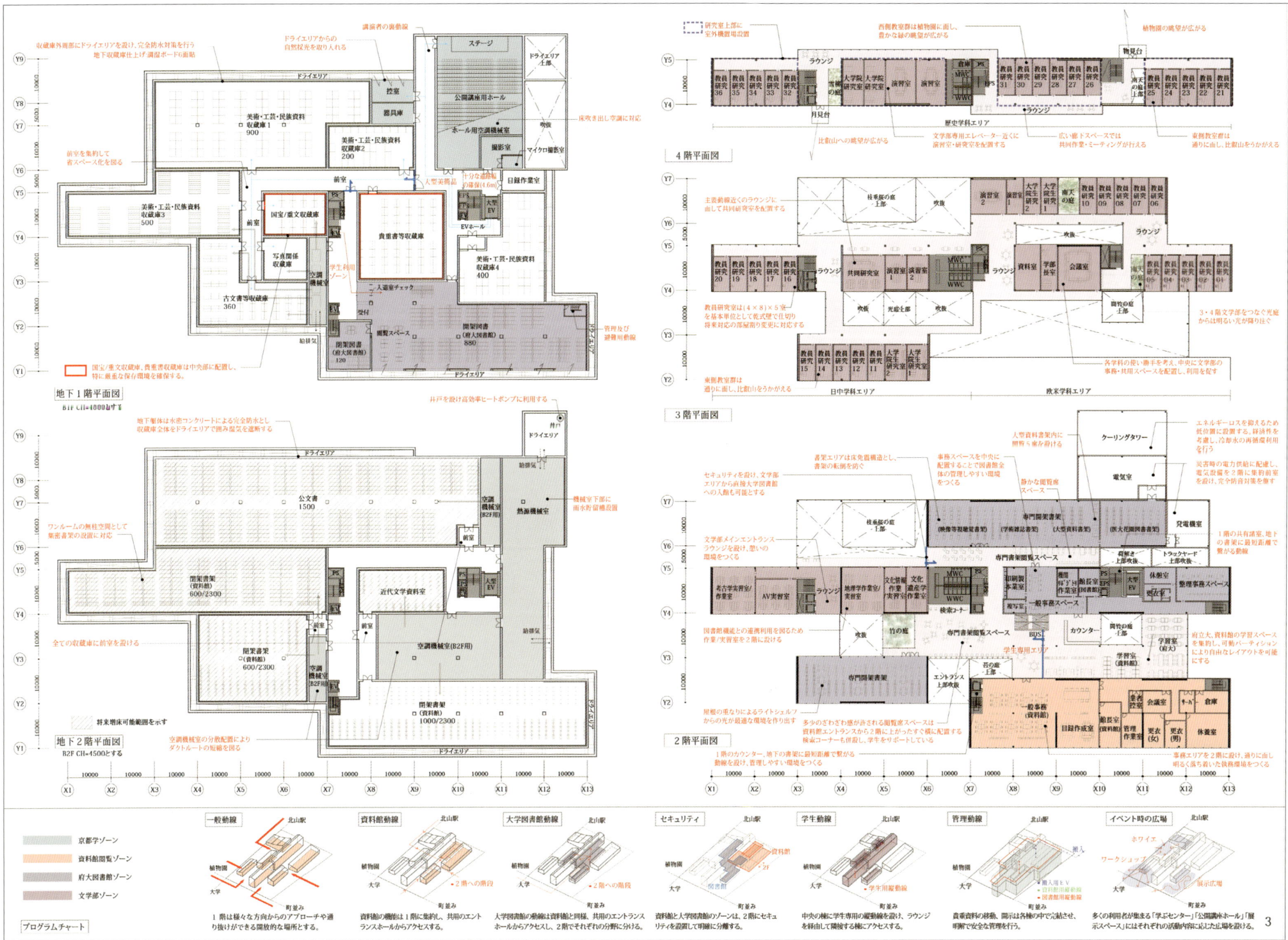

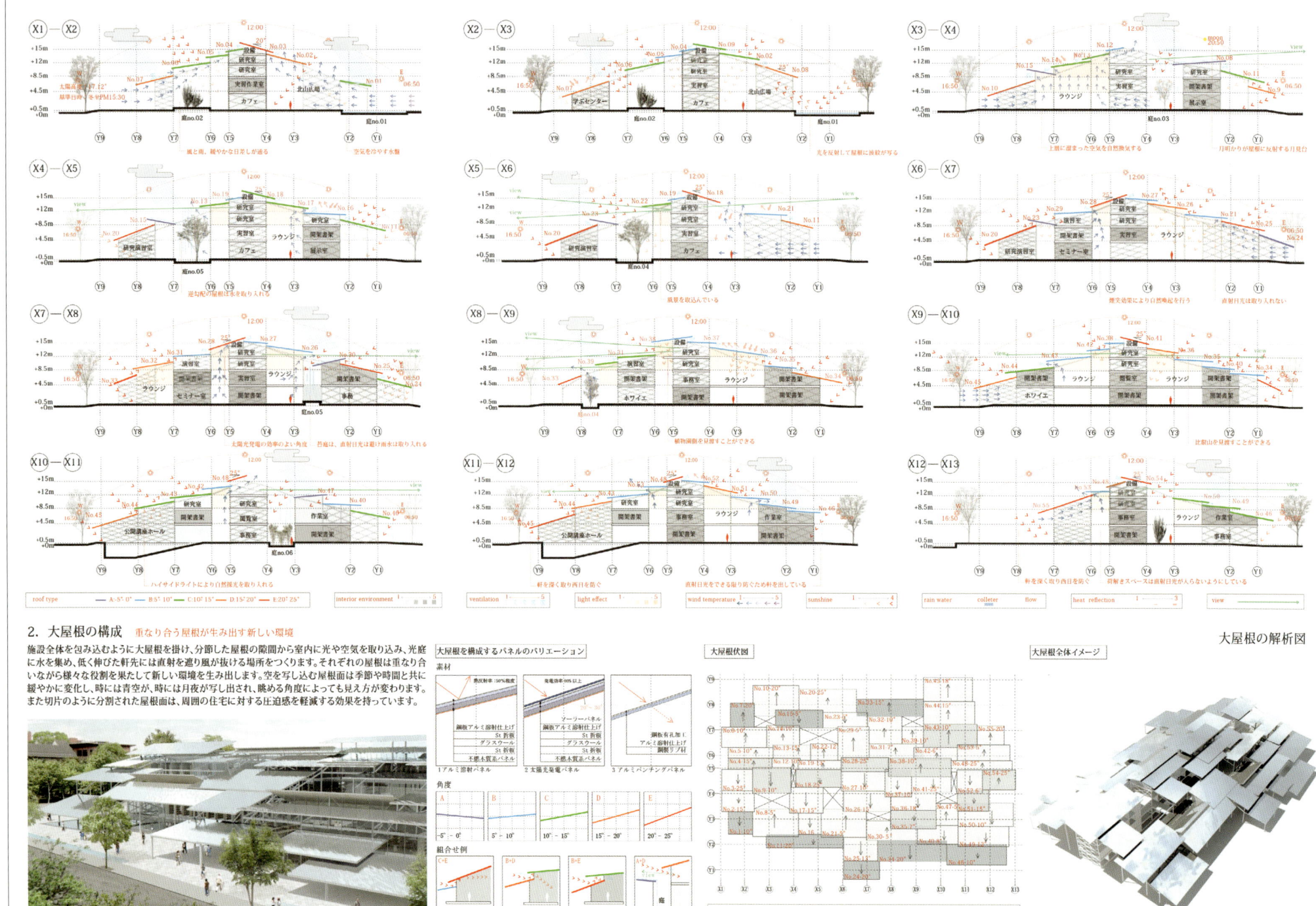

京都府立新総合資料館設計競技案 2次案　Kyoto Prefectural Library and Archives Competition, The Second Stage　2011　039

3. 設備計画　環境への配慮と徹底した省エネルギー技術の提案

京都の資産を守り未来へ継承していく施設として、様々な最先端の環境技術を取り入れた先進的な施設を目指します。京都議定書に基づくCO2排出削減対策を徹底し、設計の段階でLCC, LCCO2の自己評価を行い設計に反映することでCASBEE Sランクの取得を目指します。

○多機能諸室の最適な環境を作り出す空調計画
室毎に最適な空調方式を選択することで環境負荷・ランニングコストの低減を図ります。年間空調が必要な収蔵庫等は井戸水を熱源とするヒートポンプとガス冷温水機を組み合わせたベストミックス方式とし、高大井の閲覧エリアは床吹出しによる居住域空調にクールヒートチューブによる導入外気を組み合わせます。1.2階の事務・管理諸室は個別パッケージにOAフロアを利用した床吹出し空調とし、3,4階は利用時間の違いに配慮した個別空調とします。

○空間特性に応じた環境技術を効果的に組み合わせる
地上階では大屋根の形状を活かし、自然エネルギーを最大限に利用したパッシブ技術の利用と快適な環境を生み出し、保存・収蔵を目的とした地下空間では徹底的に省エネルギー技術を用いた高効率・低負荷アクティブシステムを構築します。

○屋根形状を最大限に活かしたパッシブエネルギーの利用
東西に軒を持つ屋根形状は日射遮蔽性に優れ、アルミ溶射皮膜により日射熱の約50%を反射することで熱負荷低減とヒートアイランド防止効果を持ちます。屋根の隙間から十分な通風・換気を確保し、直射光は天井に反射させてから拡散光として室内に取り込みます。開口部はLow-eペアガラスにより熱負荷低減を図り、京都の気候特性を活用したナイトパージにより冷房負荷を削減します。

○世界中からの来訪者を迎える先進的施設としての取り組み
施設維持管理者・職員・学生・外部利用者など全ての利用者がエネルギーの利用と消費の情報を検証、実感できる工夫「見える化」を行い、京都議定書の採択都市における先駆的施設に相応しく、低炭素化に向けた新たな取り組みを積極的に行います。その1つとして施設のシンボルとなる大屋根の天井や共用部の床面等に府内産木材を積極的に活用します。
屋根形状は日射遮蔽性に優れ軒下空間に涼感をもたらします。雨水も地下ピットに貯留しトイレ洗浄水や緑地灌水として利用します。収蔵庫の消火設備はクリティカルユースとしてリサイクルハロン消火剤の活用を検討します。

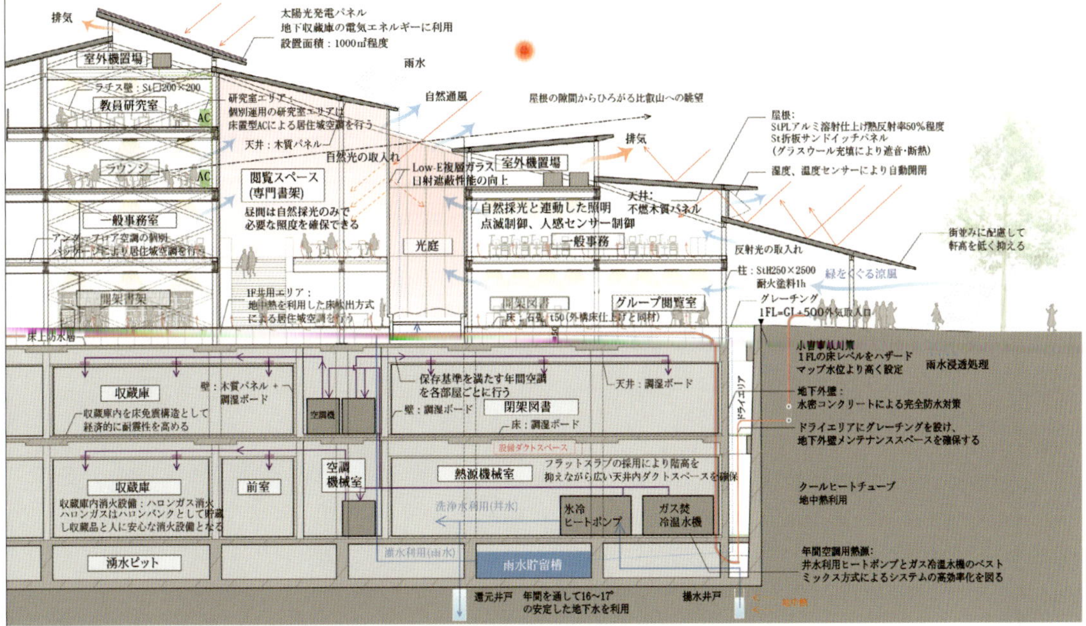

○敷地が持つ自然資源や建物の特性をふまえた環境・設備計画
暗渠化された疎水を再生し、水路を建物外周に巡らせることで蒸散貯留により軒先空間に涼感をもたらします。雨水も地下ピットに貯留しトイレ洗浄水や緑地灌水として利用します。

4. 構造計画　汎用的な工法で作るシンプルで合理的なシステム

収蔵庫のRC造地下化により建物全体の安定性を確保し、上部構造は鉄骨造 制震ラチス壁付きラーメン構造として二重折板による軽量屋根架構で全体を覆うことにより、空間構造と整合した合理的で信頼性の高い構造計画を効率的に実現します。

○優れた耐震性を持つ軽快な架構「鉄骨ラチス壁+制震ブレース」
地上部の主体構造は鉄骨造とし、高い強度と剛性と粘り強さを活かした効率の良いラチス壁架構で地震力に抵抗します。さらにラチス材にダンパーを組み込み骨組全体を制震構造とすることで効果的に地震力を低減します。大地震時にも構造部材の損傷を最小限に留め、部分的な補修・部材の交換によって被災後の早期復旧が可能です。

○堅固な地盤が生み出す最適な免震システム
地盤が堅固なことから、地震動の影響を最小限に留める収蔵庫の地下化は有効です。さらに収蔵庫内に床免震構造を採用することで格段に耐震性を高め、建物の免震化しなくても貴重な資料を効果的かつ確実に災害から守ります。積載荷重の大きい収蔵庫の地下化は地震力が増幅する地上階の負担を軽減し、全体構造としても地震動に対する安定性が非常に高く経済的な架構を実現することが可能になります。

○地下の階高を圧縮し大きな積載荷重を支持するフラットスラブ構造
地下構造は、地震力を鉄筋コンクリート耐震壁に100%負担させ、書架などの大きな積載荷重を支持するための最適なフラットスラブ構造とします。フラットスラブ構造は床を支持する梁を必要としないことから、階高を抑えながら十分な天井内空調ダクトスペースを確保できます。

○地下漏水を完全に防ぐ
地盤が堅固で地下水位はGL-7m程度で地下水の量も多くないという調査結果から、地下収蔵庫への漏水の危険は多くないと考えられます。しかし室内への漏水の可能性を完全になくするために、地下構造の鉄筋コンクリートを水密コンクリートとした上に、外周部を囲むドライエリアを設ける万全の対策を施します。ドライエリアにより地下外壁も外部側から直接点検が可能となります。

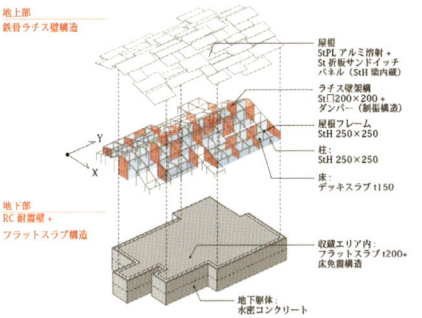

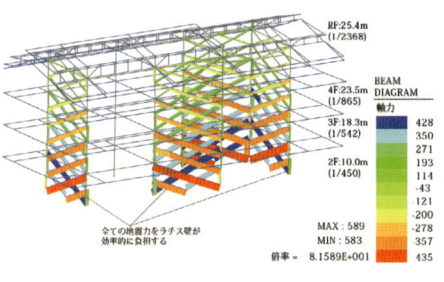

地震時の応力状態を示す構造解析シミュレーション図

5. 省エネルギー・省コスト・長寿命化の提案
施設特性を活かしたトータルライフサイクルコストの低減

構造計画
○鉄骨架構には特殊な部材を用いずに一般流通材により構成します。大地震時に損傷を交換可能な制震ブレース部材として、構造躯体の長寿命化を図ります。
○低重心、安定架構による構造躯体全体の断面の最適化、経済設計を行います。
○地下躯体を構成する水密コンクリートの混和剤は将来にわたってメンテナンスが最小限となり維持費が削減できるためトータルコストを削減できます。
○収蔵庫エリアは床免震システムを採用し、低コストで重要部分の免震化を実現します。

設備・環境計画
○様々なパッシブ技術により最小限のエネルギーで快適な環境を生み出しランニングコストを抑えます。
○共用部の空調にはクールヒートチューブの外気冷房を併用し、年間空調が必要な収蔵エリアは井戸水の地中熱を利用することで通年の熱源コストを抑えます。
○屋根の隙間から入る光を一度天井に反射させて拡散光として室内に取り込み、ライトシェルフ効果により内部にも自然光を導入し、照明コストを削減します。
○雨水の中水利用により省資源化・上水道コストを削減します。
○OAフロア、スチールパーティション等、内装・設備の乾式インフィル化により改修の効率化を図ります。また時代に応じた機能を常に維持する維持管理マニュアルや長期保全計画の策定を行います。
○照明器具はHF高効率器具やLED器具を採用し、高効率化、長寿命化、保守管理の省力化を図ります。また共用部は人感センサー付き照明器具とします。

6. 植物計画　府立植物園と連携した外構計画の提案

施設内外に京都の文化と緑の深い植物を集め、京都学の資料展示の一つとすることを提案します。府立植物園と連携することで学術的・技術的な相互支援を行い、植物を京都学の一要素として捉えフィールドワークコンテンツとして展示構成することで外部空間も含めた敷地全体が「京都学ラウンジ」となります。

広場から睡蓮の庭を見るイメージ

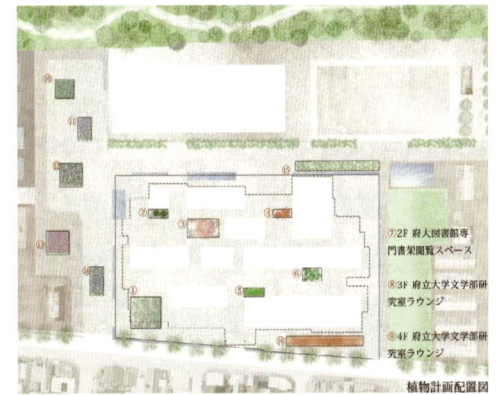

植物計画配置図

①睡蓮の庭
疎水を利用した大きな水盤は広場と施設の間に静寂を生み出す。
場所:1F北山広場/面積:256㎡/吹抜高さ:12.0m~12.8m

②椿の庭
カフェテラスの横に色鮮やかな椿を配置し憩いの空間を演出する。
場所:1F京都学センターカフェテラス/面積:50㎡/吹抜高さ:7.6m~9.3m

③枝垂桜の庭
正面玄関前には京都府の木である桜を配置し施設の顔となる桜を作る。
場所:1F京都学センターエントランス/面積:170㎡/吹抜高さ:9.3m~14.2m

④楓の庭
プロムナードから望む庭の生育に適切な温度環境を維持する装置を組込む。
場所:1F資料館センターエントランス/面積:47㎡/吹抜高さ:10.2m~14.0m

⑤苔の庭
床高さを70cm上げ苔の生育に適切な温度環境を維持する装置を組込む。
場所:3F府立大学文学部研究ラウンジ/面積:70㎡/吹抜高さ:12.0m~16.8m

⑦閑林の庭1
図書資料閲覧スペースに隣接した、蟷螂間の竹林を思わせる落ち着いた場。
場所:1F資料館閲覧/面積:70㎡/吹抜高さ:12.0m~16.8m

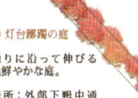
⑧南天の庭
赤い実が鮮やかな南天をラウンジ横に配し、憩いの場をつくる。
場所:3F府立大学文学部研究ラウンジ/面積:24㎡/吹抜高さ:8.8m~9.3m

⑨雪柳の庭
南天と対象的に白い花の咲く低木を最上階ラウンジに配置。
場所:4F府立大学文学部研究ラウンジ/面積:24㎡/吹抜高さ:4.8m~4.2m

⑩桔梗の庭
古くから京都で親しまれている桔梗を敷き詰めた方形の庭。
場所:外部大学メイン広場/面積:144㎡

⑪柱若の庭
桔梗の庭と対応する紫色の杜若の庭。
場所:外部大学メイン広場/面積:105㎡

⑫撫子の庭
ロータリー中央に京都府の花の撫子を配置。
場所:外部大学メイン広場/面積:84㎡

⑬亀甲の庭2
ホールとプロムナードの間に京都府花の西日を遮る。
場所:外部北山プロムナード/面積:100㎡

⑭灯台躑躅の庭
通りに沿って伸びる色鮮やかな庭。
場所:外部下鴨中通り/面積:200㎡/長さ:217m

そこでしかできない建築を考える｜プレゼンテーション
飯田善彦

2014年10月31日　初版第1刷発行

発行者
高木伸哉

発行所
株式会社フリックスタジオ
〒106-0044 東京都港区東麻布2-28-6
電話：03-6229-1501　Fax：03-6229-1502

編集
株式会社フリックスタジオ
（磯達雄＋高木伸哉＋田畑実希子）

編集協力
株式会社飯田善彦建築工房（横溝惇）

デザイン
株式会社ラボラトリーズ（加藤賢策）

印刷・製本
藤原印刷株式会社

本書掲載内容を著作権者の承諾なしに無断で転載（翻訳、複写、インターネットでの掲載を含む）することを禁じます。

© 2014, Yoshihiko Iida + IIDA ARCHISHIP STUDIO Inc./flick studio Co., Ltd.
ISBN 978-4-904894-21-7

Thinking of an Architecture for Nowhere but Here: Presentation
Yoshihiko Iida

Date of Publication
October 31, 2014

Published by
flick studio Co., Ltd./Shinya Takagi
2-28-6 Higashi-azabu, Minato-ku, Tokyo, #106-0044
Phone: +81-(0)3-6229-1501
Fax: +81-(0)3-6229-1502

Edited by
flick studio Co., Ltd.
(Tatsuo Iso, Shinya Takagi, Mikiko Tabata)

Editorial Support by
IIDA ARCHISHIP STUDIO Inc. (Atsushi Yokomizo)

Designed by
LABORATORIES Co., Ltd. (Kensaku Kato)

Printed by
Fujiwara Printing Co., Ltd.

All rights reserved. No part of this book may be reproduced or utilized in any form or by any information storage or retrieval system, without prior permission in writing from the copyright holders.

Yoshihiro